CÓMO VENDER POR CHAT

Vende desde tú teléfono

Cómo vender por Chat

Vende desde tú teléfono

Aprende a utilizar esta potente herramienta
Con estrategias de Chat marketing y
Neuroventas

Daniela Fiori Lehr

Reservados todos los derechos, queda prohibida bajo las sanciones establecidas en las leyes la reproducción parcial o total de esta obra por cualquier medio o procedimiento.

1era edición julio 2020 by Daniela Fiori Lehr
ISBN: 9798669959098
Editado por Sales Talent Readers
www.salestalentacademyweb.com
info@salestalentacademyweb.com

El papel utilizado para la impresión de este libro es cien por cien libre de cloro y está calificado como papel ecológico.

Para Luca, Stefano y Alejandro que hacen que mis días tengan sentido

INDICE

SOBRE LA AUTORA 9

INTRODUCCIÓN 11

CAPÍTULO 1 - DEJA DE HABLAR Y VENDE MÁS SOLO CHATEANDO 19

CAPÍTULO 2 - ¿CÓMO CREAR LA NECESIDAD DE QUE LA GENTE TENGA TU NÚMERO DE WHATSAPP? 38

CAPÍTULO 3 - WHATSAPP BUSINESS 45

CAPÍTULO 4 - ¿CÓMO TENER MI WHATSAPP AUTOMATIZADO? 51

CAPÍTULO 5 - ¿CÓMO EVITAR QUE BLOQUEEN TU WHATSAPP? 64

CAPÍTULO 6 - TÍPS PODEROSOS PARA HACER WHATSAPP MARKETING 72

CAPÍTULO 7 - HERRAMIENTAS BÁSICAS QUE DEBES DOMINAR PARA VENDER POR WHATSAPP 78

CAPÍTULO 8 - WHATSAPP BUSINESS, UN RECORRIDO POR ESTA APLICACIÓN 86

CAPÍTULO 9 - EMBUDO DE VENTAS PARA WHATSAPP 96

CAPÍTULO 10 - ¿CÓMO CERRAR VENTAS POR WHATSAPP? 101

CAPÍTULO 11 - ¡NEUROVENTAS PARA VENDER POR CHAT! 113

RESUMEN 121

Sobre la autora

Daniela Fiori Lehr es Licenciada en Ciencias empresariales por la Universidad de Buenos Aires, Retail & Sales Coach, además de Coach Ontológica y Ejecutivo certificada por la International Coach Federation.
Estudio Psicología Positiva en la Universidad de Pennsylvania y Neuromarketing y Neurociencia en la Copenhagen Business School, también es PNL y Mindfulness Master Practitioner, se especializa en Metodologías Agiles y posee veinte años de experiencia en el sector comercial dentro de diversas multinacionales.

Se formó con los mejores profesionales sobre el poder de la mente y las emociones, y es autora de varios libros de desarrollo personal, ventas y coaching.

La finalidad de este libro no es explicarte qué es WhatsApp, sino como utilizar esta potente herramienta para sacar el máximo partido, combinándolo con técnicas de Neurociencia, tanto si tienes un pequeño o mediano negocio, podrás conectar de forma instantánea con tus clientes.

Si no lo sabes, WhatsApp fue adquirida por Facebook en el 2014 y desde entonces no ha hecho más que crecer, actualmente tiene más de mil millones de usuarios activos.
En el año 2017 se presentó WhatsApp Business y uno de los fines de esta aplicación era y es liberar a WhatsApp de mensajes spam por parte de los negocios y emprendedores.

Ya por aquel entonces Mark Zuckerberg decía:

"WhatsApp permitirá un mundo más abierto y conectado"

Si sabes cómo utilizar WhatsApp para hacer negocios y combinarlo con técnicas de Neurociencia, podrás llegar a más clientes, impactar y cerrar más ventas.

¿Estas listo?
¡Esperamos que este libro te sea de ayuda!

Introducción

El uso del teléfono normal y la calculadora para vender son formas muy arcaicas, pero es cierto que en otras épocas era lo único que existía, eran épocas en que las ventas se hacían así, pero hoy en día la gente quiere alcance, entonces, ¿Cómo puedo vender a 100 personas a la vez?

La idea de este libro es que trabajes menos y vendas el triple, de eso se trata,
cómo desgastarte menos y vender más.
En los años 80 con la televisión podías vender a miles de personas, hoy eso ya no es así, ahora se vende por internet y con ayuda de las nuevas tecnologías.
Con el tiempo todos comenzaron a preguntarse cómo vender más y a más personas al mismo tiempo y surgieron los Call Centers, que hoy en día siguen existiendo. Durante mucho tiempo dieron buenos resultados, pero a través de los años cada vez se ha vuelto más difícil, la gente ya no quiere contestar el teléfono, y en la mayoría de los países se ha vuelto ilegal llamar por teléfono a alguien sin su consentimiento.

A la gente no le gusta que la llamen para venderle algo, no contestan el teléfono, y ya no tiene sentido vender por teléfono, es poco eficaz y molesta a tu potencial cliente. Lo que aprenderás en este libro es como reemplazar esos viejos sistemas, aprenderás cómo llegar a la gente y que de forma automatizada puedas trabajar menos y vender más, hoy los Calls Centers tienen todas las tecnologías que puedas imaginar, pero son pocos los que utilizan el chat marketing aproximadamente sólo 1 de cada 10, se están volviendo totalmente antiguos, no se han actualizado y en poco tiempo quedarán obsoletos.

Un día se terminarán los Call Centers, puesto que hoy en día con 4 vendedores utilizando tecnología puedes vender lo mismo que 30 personas juntas en un Call Center.

Luego de los Call Centers, llegó la era del email marketing ¿Cuántas empresas hemos conocido que enviaban email a lo loco? muchas de esas empresas ya no existen, los email empezaron a reemplazar a muchos Call Center y muchas marcas empezaron a mezclar estrategias entre Call Center y campañas de email, algunos funcionaban bien, otros más o menos, hubo épocas en que el email marketing realmente funciono, hasta que llegó a su punto de saturación. La gente empezó a llenarse de spam, dejo de revisar sus emails, actualmente la gente apenas revisa sus correos electrónicos, esto ha sido fascinante porque el email ha pasado de ser una herramienta 100% efectiva a tener actualmente una apertura de solo un 6%.

Hoy en día solo un 6% de las personas abren su email, y de ese 6% dependiendo los casos, solamente el 0.1% compra por el email que recibió.

¿Todavía la gente compra por email? Sí
¿Y hay formas de hacerlo funcionar? Sí
¿Pero ha bajado su rendimiento? Si, absolutamente.

Las campañas de email funcionan cuando están hechas con técnicas de neuroventas, el problema es que gran parte de las estructuras de los email están obsoletas, por eso no funcionan. Muchas compañías actualizaron con herramientas de tecnología el email marketing, pero no la forma de los textos de sus discursos y de cómo vender a través de email marketing.
¡No se han actualizado en su forma de vender!

¿Qué es Chat Marketing?

Es una mezcla de varias cosas, entre ellas las neuroventas qué es la forma de decir las cosas, tienes que aprender a programar tus discursos con estrategias de neuroventa, de esta forma tus procesos de venta serán diez o quince veces más efectivos.
Se trata de saber qué decir a través de la tecnología correcta, es tan sencillo como eso, eso es chat marketing, que decir con la tecnología correcta para esta época.
La Neuroventa tienen que estar acompañada de buena tecnología, pero cuando manejas grandes volúmenes de clientes necesitas automatización para trabajar menos.

Cada vez habrá menos vendedores y venderás más, un buen vendedor siempre es un buen vendedor y es irreemplazable, pero aquellos vendedores que solo te traen dolores de cabeza en poco tiempo podrán ser reemplazados por tecnología y hoy más que nunca debes ser experto en neuroventa, además de ser una persona creativa, responsable y excelente en el servicio que ofreces.

Las herramientas informáticas pueden ser las más avanzadas pero un bot nunca reemplazará a una persona, ya que nunca tendrá los mismos sentimientos, solo por ello van a sobrevivir los mejores vendedores, los mediocres terminarán desapareciendo.

Chat marketing es saber qué decir para enamorar, ¿Cómo vas a conquistar a los clientes de forma ética? ¿Cómo vas a persuadirlos de forma ética?

Hablamos de ética porque no compartimos la forma de venta engañosa y decir cosas que no son, persuadir a una persona no es negativo, no está mal simplemente convences a tu cliente, y de eso se tratan las ventas, de que tus clientes sean felices contigo, no importa a qué te dedicas ni que vendes, puede ser comida, puedes dedicarte al turismo, cursos, belleza, ropa esto funciona exactamente igual en todos los casos.

En este libro veremos cómo puedes vender tu producto o servicio por chat, por chat puedes vender cualquier cosa, libros, entradas a eventos, puedes vender absolutamente todo en la medida que lo que vas a vender ayude a tus clientes.

Si tú cliente entra al chat y no le saludas en quince minutos se enfría, para eso están los bots, los bots te ayudan a encender la comunicación, puedes pedir el nombre del cliente y hacer que luego conteste un vendedor real.

En el pasado no había tecnologías que te ayudarán a pasar este link de tu chat a un vendedor real, pero hoy en día sí. Cuando llegaron los bots se notaba que no eran reales, para darles un toque realista tienes que saber exactamente qué tiene que decir tu bot cuándo y cómo.

Con la llegada de las nuevas tecnologías, los bots aumentamos las ventas, pero no todo es tan fácil, hay empresas que utilizan bots hace cinco años, y hay otras personas que todavía ni siquiera están vendiendo por WhatsApp, y no tienen idea de cómo usar WhatsApp para hacer negocios.

Las tecnologías vienen para ayudarnos y el Neuromarketing es clave, si no sabes hablar no vas a vender, pero si mezclas la tecnología con Neuromarketing puedes tener una bomba explosiva de ventas, el Neuromarketing es más generalista y las neuroventas son para vender uno a uno, de persona a persona, tienes que aprender a utilizar neuroventas pero con chat marketing, en ti está aprovechar esta situación, la gente está todo el día preguntando cómo puede vender más en estos momentos, donde la venta personal en tiendas físicas está desapareciendo.

Hazte la pregunta, ¿Cuánto puede durar el auge del chat marketing?
Esto recién empieza.

Hoy es una mina de oro ¿Y sabes por qué es una mina de oro? porque muy pocos saben hacerlo, es privilegiado y elitista saber vender por chat.

Si tienes un buen producto, y sabes qué decir y como decirlo vas a ganar dinero y te va a ir bien. Pero tienes que hacerte esta pregunta, ¿Realmente seguirá valiendo la pena que vendas ropa por catálogo? ¿o decoración? ¿o productos para adelgazar?
Siempre hazte esas preguntas, generalmente vendemos lo que la gente quiere comprar, cuando tienes este tipo de tecnologías a tu alcance puedes vender lo que quieras, no necesariamente lo que la gente quiera comprar.

Lo fascinante del chat marketing es que tú decides que vender, la gran pregunta es: ¿Seguirás vendiendo lo que vendes, o quieres vender otra cosa?

Puedes adaptar la tecnología y tú conocimiento a diferentes productos y servicios, es muy importante que consideres esto para saber por qué tipo de negocio iras, las grandes preguntas son:

¿Qué debes vender?
¿Cómo lo vas a vender y a qué estás dispuesto?

Capítulo 1

Deja de hablar y vende más solo chateando

Capítulo 1 - Deja de hablar y vende más solo chateando

El secreto más valioso para conseguir el éxito en las ventas es como construyes tu relación con los clientes.

Tienes que ser autentico, único, especial como vendedor, para que puedas generar esas ventas que necesitas y tener esa conexión especial con tu cliente. Un buen vendedor debe tener carisma, energía, chispa, un vendedor apagado, sin conexión, sin carisma, jamás logrará los objetivos que desea, para ser un buen vendedor tienes que caerle bien a la persona que te está comprando.

En la actualidad todo el mundo vende algo y todos podemos generar dinero, tú puedes convertirte en el mejor vendedor, pero para ello tienes que estar pegado al teléfono, tienes que ser constante y el teléfono te dará el dinero que tú quieres, tú te pones los límites.

¿Qué tienes que hacer para llenar tu teléfono de clientes potenciales?

Partamos de un principio básico, tienes que tener dos teléfonos, uno para la familia y los amigos, y otro para el trabajo, no puedes mezclar los dos porque cuando tú estás dedicándole tiempo a tu trabajo, ese es tu trabajo y si estás trabajando y entras a WhatsApp y te cruzas con un amigo o con tu madre, y te pones a conversar te quita tiempo, cuando lo que tienes que hacer que es trabajar y generar clientes.

Lo primero que tienes que hacer es comprarte un nuevo teléfono con un nuevo número, a ese nuevo número pasarás a tus amigos y a la familia. Los clientes que ya te conocen por tu antiguo teléfono te tienen que seguir conectando por allí, tus amigos te conocen y aceptarán tu nuevo número de teléfono, pero tus clientes ya te tienen identificado con tu número de teléfono original, si tú sacas de tu teléfono a un cliente y lo pasas a otro número, el cliente se desconecta totalmente de ti, nunca hagas eso, lo primero que ocurrirá es que el cliente pensará que eres otra persona y la mayoría de la gente hoy en día no contesta a números telefónicos que no conoce.

¿Tienes un negocio físico?
¿Tienes una tienda online?
¿Tienes fan page en las redes sociales?

Si estás en las redes sociales puedes vender todo lo que desees, puedes hacer testimoniales de tus clientes, puedes grabar vídeos explicando el uso de tu producto.
Tienes que entender que tienes que estar en Instagram, en Facebook y generar contenido de valor, sube imágenes de calidad cuenta tus procesos de producción, esos detalles la gente los ve y los aprecia.

Estamos en la era millennial ¿Y qué es lo que primero que hacemos antes de comprar algo? buscarlo en internet y ver las opiniones de la gente, por eso debes tener tu propia fan page y alimentarla de contenido de valor de tu producto o servicio, de esta forma tus potenciales clientes te irán siguiendo y te irán viendo, aún si vendes seguros puedes hacer vídeos subiendo buenos pitch de ventas, comentando que seguros comprar según tu edad o tus necesidades, puedes ser una vendedora de seguros que dé respuestas y brinde contenido en su canal de YouTube, los clientes se fijarán en ti.

¿Qué hay que subir a las redes?

Hay que subir contenido de valor y buena información, los clientes te buscarán por el tipo de producto o servicio que ofreces. Subir información y fotografías a las redes sociales no es lo único que tienes que hacer, tienes que llevar a esos clientes potenciales hacia tu agenda telefónica y eso solo lo puedes hacer generando un bit link.
Antes se utilizaba poner la fotografía de un evento o de un producto, y debajo de la fotografía se describía que si querías más información podías llamar a un teléfono determinado, ahora no, nada de llamar a un teléfono, ahora eres tú quien tiene que llevarlo hacia tu agenda.
Si generas un bit link el cliente le dará clic y automáticamente este cliente ira a parar a tu teléfono.

Lo primero que tienes que hacer cuando llega un cliente a tu chat es saludarlo, preguntarle cómo está, presentarte, acostúmbrate a utilizar el portapapeles de tu teléfono, allí puedes tener las plantillas con los textos que quieras utilizar para cada nuevo cliente, de esta forma no tienes que escribir un nuevo pitch por cada uno.

El saludo es lo primero que debes hacer, el cliente cuando tú saludas es como un espejo, tu saludas y el cliente de inmediato te responderá y se presentará.
Si este cliente llega de una publicidad que tienes en las redes sociales y te pregunta por un producto o un servicio determinado, automáticamente tienes que ir a tu galería de imágenes y enviarle una fotografía, y desde tu portapapeles enviarle el pitch con toda la información de ese producto o servicio por el que ha preguntado.

El cliente te responderá, y te hará todo tipo de preguntas que serán frecuentes, para todas esas preguntas que los clientes te hacen trata de tener el mayor número de respuestas previamente preparadas, por ejemplo si se trata de un evento, en tu pitch de ventas ya hablarás sobre la hora del evento, el lugar, el costo, el número de cuenta donde deben hacer la transferencia, cómo pagar con tarjeta de crédito, el número de cuenta para PayPal etc. esas son preguntas frecuentes que tú debes responder en tu pitch de ventas, y de esta forma evitar que te sigan preguntando una y otra vez, de esta forma las únicas preguntas que recibirás son las de confirmación del pago o de reservar una plaza.

Es como si estuvieras trabajando desde un escritorio, en tu portapapeles debes tener un pitch para cada cosa, desde la información de tu producto o servicio, hasta la forma de pago y el saludo, debes trabajar la mayor cantidad de clientes lo más rápido posible.

Hay un porcentaje muy pequeño de clientes que no te dan su nombre, si no te da su nombre pero el cliente entró por tu página web o tus redes sociales, tú lo puedes agregar a tu agenda poniéndole un nombre fantasía o en clave que podrás utilizar para aquellos clientes de los cuales no tengas sus datos personales, por ejemplo los puedes bautizar como "SN" que serían clientes sin nombre, cuando tú envíes una lista de información masiva ese cliente recibirá la información de todas formas.
El portapapeles suele venir por defecto en la mayoría de los teléfonos si no lo tienes puedes bajarte una aplicación gratuita, hay varias.

Si tienes un teléfono lleno de clientes, te recomiendo bajes la aplicación WhatsApp Business, de la cual hablaremos en otro capítulo, se trata de una aplicación que te ayudará a generar tus procesos de ventas mucho más rápido, ya que puedes utilizar etiquetas, catálogos, respuestas automáticas etc. pero eso lo veremos más adelante.

Antes que nada, tienes que crear una marca o un producto que te represente, que la gente te reconozca por ello, que te reconozcan como marca personal como el mejor vendedor de ese producto, tú serás la marca, y la gente te reconocerá por el buen servicio y no tanto por tu producto.
Tienes que ser constante en lo que estás haciendo y ponerte metas, ponte un objetivo que haga que te muevas.
Si no tienes un producto o un servicio que vender, vende el de otra persona, puedes ser el mejor vendedor vendiendo el producto de otro, trabaja tu marca personal y tus redes sociales, si no puedes hacerlo tú contrata otras personas que te ayuden para que tú solo tengas que encargarte de vender.

Si trabajas multinivel WhatsApp sirve de la misma manera, sé constante, procura una vez por semana ofrecer contenido de valor en tus redes sociales, si haces una grabación en vivo, tienes que informarlo tres días antes, comunicándole a tus seguidores en tus redes sociales el típico "no te olvides que el próximo martes estaremos en vivo" y la gente comenzará a conectar contigo porque les estarás dando información de valor.

Por ejemplo, puedes conectarte todos los jueves a las 18:00hs y hacer un vivo con un tema diferente referente a tu servicio o producto, y todos esos vídeos dejarlos colgados en tus redes sociales. Tienes que ser consciente de que contenido estás subiendo a las redes sociales, hay gente que invierte en publicidad y luego se quejan de que no tiene resultados, observa que estás subiendo, ¿Porque la gente no hace clic? ¿Está bien o está mal lo que estás subiendo? ahí encontrarás las respuestas.

Cuando la gente está mirando su teléfono va pasando de imagen en imagen y se detiene solo cuando ve algo qué le llama la atención, en eso es lo que tú tienes que trabajar, en ese tipo de imágenes, ese tipo de vídeos, te sugiero que mires lo que está subiendo tu competencia, ¿Qué publicaciones de tu competencia tiene más éxito? no copies, imita lo que ellos hacen con tu toque personal para que tú puedas tener el mismo éxito, trata de generar el mejor contenido para poder ofrecer tu producto.

Anatomía de la comunicación

Tenemos un comprador y un vendedor y en medio está nuestro teléfono que es la herramienta con la que trabajas.

¿Sabes cuánto potencial tienen las redes sociales?

Tienes que empezar a moverte y empezar a utilizar WhatsApp y sus estados, esto también te ayudará a vender y a generar más agenda.
Debes tener en claro dónde está tu público para no tirar tu dinero en publicidad a la basura, si te anuncias en Instagram debes tener en claro que te estás dirigiendo a un público más millennial no es tanto de ventas, pero también Instagram te puede generar clientes según que producto o servicio vendas, hay un producto para vender en cada red, no todas las redes sirven para todo.

¿Cuáles son los errores más comunes cuando utilizas WhatsApp para vender?

Enviar spam, la gente no compra cuando recibe spam, nadie contesta a los spam, si compras una base de datos para enviar tus promociones, difícilmente tendrás llegada. Tienes que construir tu propia agenda de clientes.
El problema de la base de datos es la variedad de perfiles de clientes, pueden ser clientes completamente diferentes a tu cliente potencial, no es lo mismo el perfil de clientes de alguien que vende cursos, que el perfil de cliente de alguien que vende plantas, tienes que ser una base de datos propia de gente que siga tu producto o servicio.

No compres bases de datos, trabaja tu propia agenda y tus propios clientes orgánicos, venderás mucho más, las bases de datos si no son de tu mismo producto o sector no te servirán, cuando hagas campañas publicitarias segmenta muy bien tu mercado, ¿Quién es tu cliente potencial? ¿Hombres? ¿Mujeres? ¿De qué edad?

Tienes que amar el producto que vendes, enfocarte 100% a ese producto o servicio, no puedes vender diez cosas diferentes que nada tienen que ver entre sí, no serás efectivo, céntrate en tres productos, cuatro como máximo y ámalos, si vendes muchos productos diferentes piensa un momento ¿Cuál te da más emoción vender?

Cierra tus ojos y piénsalo por un momento, elige los tres productos que más amas y céntrate en ellos, si vendes muchos productos diferentes sólo conseguirás confundir a tu cliente, y si tú empiezas a utilizar tu estado de WhatsApp para subir imágenes de tus productos o servicios, el cliente verá que, así como vendes motores, vendes cremas, o multinivel, y no darás una imagen seria.

Ten cuidado con el mal uso de los grupos, no puedes enviar un mensaje de ventas en un grupo, lo único que conseguirás es enfadar a la gente que empezará a salir de ese grupo que has creado, los grupos no son para esa función, los grupos son para, por ejemplo, generar una reunión, y puedes generar un grupo a raíz de una reunión, pero no para enviar información de ventas.

Si haces un evento en vivo y lo cuelgas en tus redes sociales y comienzas a compartirlo en los grupos, será cuestión de la gente que está en esos grupos si le interesa lo que tú estás haciendo, o quieren seguirte en las redes, y será desde las redes donde esa gente pasará a formar parte de tu agenda.

No puedes aprovechar un grupo de WhatsApp para enviar contenido que a ese grupo no le interesa, busca grupos de afinidad con el producto o servicio que ofrezcas para que cuando muestres contenido de valor, esos clientes puedan llegar hasta tus redes sociales y desde tus propias redes sociales pasar a formar parte de tu agenda telefónica.
No busques grupos sin sentido porque solo estarás perdiendo el tiempo.
Lo que subes a tus redes sociales tiene que ser lo mismo que enseñas en tu WhatsApp.
Cuando envías información de calidad tendrás más efectividad en tus ventas, revisa tu pitch de ventas, ponte en los zapatos del cliente, piensa como piensa el cliente ¿Si escucharas tu pitch de ventas, te comprarías?
Si ves que tú pitch de ventas no es efectivo cámbialo, puedes crear campañas de poco costo si utilizas tu creatividad o algo que haga que te siga más gente, por ejemplo, sorteos, descuentos o regalos de esta forma atraerás más contactos.

¿Sabes identificar correctamente a quien le vendes?

El enfoque consiste en concentrarse en un segmento específico de mercado, concéntrate en segmentar, en hacer un embudo, segmenta el tipo de mercado que está comprando tu producto o servicio, ¿Hacia que consumidor va dirigido tu producto? no tires el dinero en campañas sin hacer esto.

Tienes que segmentar a tus clientes, para tener la mayor efectividad en ventas tienes que enfocar a los clientes que les gusta el producto o el servicio que estás vendiendo, la diferenciación normalmente se da en el producto y suele estar basada en una característica innovadora. Ser diferente te puede llevar a que te compren más, tienes que hacerle la vida más fácil al cliente.

¿Como identificas las necesidades de tus prospectos?
¿Qué es lo que quiere el cliente?
¿Cuál es tu público objetivo?
¿Qué intereses o aficiones tiene tu cliente?
¿En dónde se encuentra? ¿En qué ciudad? ¿En todo el país?
¿De qué edades?
¿Es hombre o mujer?

Todas esas segmentaciones te llevarán a ese famoso embudo que es el que te dará tus clientes efectivos.

¿De qué nivel socioeconómico son? no cualquier persona puede pagar, así como así y más si les estás vendiendo por WhatsApp y ni siquiera te conocen, entonces debes tener chispa y energía para vender a tu cliente por teléfono.

¿Tienes algo diferente en tu foto de WhatsApp que no sea tu propia cara?
¿Tienes tu logo?
¿Una foto de tu producto?
¿Una frase motivadora?
¿La foto de tu perro?

En cuestiones de ventas el que vende eres tú, eres tú quien debe de estar en esa imagen, ponte en los zapatos de la otra persona, tú eres el cliente, vas a la fotografía del perfil de WhatsApp para ver la cara de la persona que te está vendiendo y de foto tiene a su perro, o besándose con el novio, ¿Qué imagen profesional crees que das?

Cuando coloques una fotografía que te represente como profesional, tienes que poner tu marca y tu rostro sonriendo, esa sonrisa vende, simplemente con verte a la gente le generas confianza, si no tienes una fotografía en tu perfil, cambia la imagen de tu marca y pon una donde se vea tu rostro y el producto que estás vendiendo, es la mejor forma de generar confianza.

Quién atiende el WhatsApp debe ser quien ponga su foto, no se trata de poner la foto del dueño de la empresa, sino de quien atiende el teléfono, si tienes dos o tres vendedores en un negocio y los otros vendedores atienden el mismo teléfono procura que el teléfono siempre lo tenga la misma persona, si tienes ese tipo de negocios no permitas que los empleados den su número personal para dar información, gasta dinero en un número de empresa porque si ese empleado se marcha se llevará tu base de datos y por ende se llevará tus clientes.

¿Qué contenidos son válidos para enviar por WhatsApp?

Imágenes que conecten con tu producto o servicio es lo más importante, sube contenido que ayude a resolver un problema.

La gente busca soluciones, cuando vendes un producto en las redes sociales tienes que dar soluciones sobre esos productos, la gente busca respuestas en Google y en las redes en general a todos sus problemas, de esta forma aparecerás en las búsquedas y si eres constante te llevará a que más gente te vea. Tienes que controlar lo que subes a la red, es lo que te genera dinero.

Ser original y auténtico te traerá más seguidores y clientes y saldrás ganando.
Tienes que subir imágenes que conecten a tu cliente con tu producto o servicio, puedes subir fotografías o vídeos cortos con imágenes de personas utilizando tu producto o servicio, no fotografías de ti mismo porque eso no sirve, la gente tiene que ver cómo hay otras personas utilizando ese producto que vendes, da la información justa y necesaria no satures de textos, ve al grano, piensa que el cliente quiere lo fácil y recuerda ¡Pon tu número de WhatsApp bien grande!

Ofrece un buen servicio postventa, un cliente satisfecho siempre vende.
Si tienes la posibilidad contrata un buen diseñador para tu contenido, no lo hagas todo tú, ¿Acaso tu negocio no lo vale? Una buena imagen, una buena fotografía es lo que hará a tu cliente parar en tu post, detenerse y darle clic y decir me interesa quiero ese producto, es por eso por lo que debes subir las mejores imágenes del producto o servicio que estás vendiendo, y te aseguro que un buen diseñador no cobra tanto.
Es importante que le hagas ver a tu cliente cuán bueno es el producto o servicio que estás vendiendo, cuando el cliente nota esto, el cliente se lo lleva.

¿Por qué compramos?

La Neurociencia lo ha demostrado, por necesidad y por reducir miedos.

La gente siempre está compitiendo por miedo, tú quieres comprarte un bolso de mejor marca que tu colega de la oficina, quieres tener mejor coche que tú cuñado, vestir de mejores marcas que tu suegra. Compramos por miedo y para tener seguridad, para que la gente diga: "-a esta persona le va bien y por eso tiene este automóvil o viste de esta manera" por eso es tan fácil vender.

Tienes que hacer ver el verdadero valor de lo que están comprando, lo que van a ganar con aquello que te están comprando, lo que van a lograr con este producto o servicio, es como tú les vendes el producto, la manera en que llegas al cerebro de esa persona y que te compre el producto.

Lo que el cliente compra lo tiene que ver como una inversión, que con aquello que compra será mejor persona, será más feliz, será más exitoso, la clave está en cómo vendes ese producto o servicio, enamórate de él, enamórate de aquello que vendes. Cuando estás enamorado del producto que vendes las palabras te salen solas y la gente te amará como vendedor.

¿Crees que hay objeciones para vender un producto costoso? ¡Claro que sí!

pero ¿Qué tienes que hacer? Invertir, tienes que invertir un poco para ganar, que no te de miedo invertir en publicidad, eso te va a generar más tráfico y potenciales clientes y por ende más ventas, paga campañas publicitarias dirigidas al segmento del mercado que quieres.

Todo está en las estrategias que utilices para vender ¿Qué producto vendes? ¿Cuánto estás invirtiendo? ¿Cuánto quieres ganar?

El secreto está en qué tan creativo y diferenciador puedes llegar a ser. ¿Qué te diferencia de tu competencia?

Cuando tu producto no tiene un factor diferenciador ¿Qué crees que es lo más importante?

¿El servicio? ¿La creatividad? son importantes, pero no son la respuesta. La respuesta es el valor agregado.

El valor agregado, ese extra que tú le das y qué hará que la persona compre más, siempre procura dar un valor agregado, ya sea un descuento, una promoción, un regalo, o un servicio extra que no ofrezca nadie más, algo que genere sensación de exclusividad.

Hasta hace poco en las campañas de venta sólo tenías que poner un botón donde les decías a los clientes que si querían saber más tenían que "clicar aquí" pero ahora eso ya no es suficiente, tienes que dar más opciones, utilizar llamadas a la acción, botones de obtener oferta ya. ¿Por qué?

Porque a todo el mundo le gusta que le regalen y le den ofertas, así de sencillo, un botón como ese te llevará a tu WhatsApp muchos más clientes.

Tienes que dar un plus a tus clientes, todo está en la creatividad que tengas.

Análisis del consumidor, sus puntos básicos

Debes tener en cuenta:

Necesidades de tus clientes.
Sus preferencias.
Los gustos de tu cliente.
Sus deseos, qué quiere tu cliente.

Aprende a detectar que pide tu consumidor, aprovecha cada oportunidad para hacer base de datos

Se puede vender todo por WhatsApp, pero tu producto o servicio debe tener un diferenciador, debe tener un excelente servicio. La gente tiene que detenerse a ver tu producto, no importa si vives en un pueblo o en una ciudad, si inviertes en las redes sociales tu producto o servicio llegará a tus potenciales clientes.

Capítulo 2

¿Cómo crear la necesidad de que la gente tenga tu número de WhatsApp?

Capítulo 2 - ¿Cómo crear la necesidad de que la gente tenga tu número de WhatsApp?

Por ejemplo, si tienes una tienda física puedes pedirles los teléfonos a tus clientes y enviarle el listado de los nuevos productos una vez por semana, esto vale tanto para restaurantes donde puedes pasar el menú del día a las oficinas, o si tienes una tienda clásica como una frutería y quieres permitir a los clientes hacer sus pedidos y solo pasar a recogerlos por la tienda, o entregarlos a domicilio.
Lo mismo si tienes un centro de belleza y ofreces a tus clientas que pidan cita por WhatsApp.
Ofreciendo este valor agregado estás obligando al cliente a que te agente en su teléfono y se fidelice a ti, sólo por la comodidad.

Para vender tienes que conectar con las emociones del cliente, recuerda las campañas exitosas que apelan a la emoción, son campañas que se recuerdan y llaman a la acción del cliente, tienes que conectar, sin necesidad de muchas palabras la imagen habla por sí sola.

Recién ahora y a causa de la pandemia que nos ha tenido confinados en casa, la gente ha comenzado a ver el uso de WhatsApp para algo mucho más que enviar mensajes de texto, y han entendido el enorme poder comercial de esta aplicación, por WhatsApp incluso puedes vender hasta multinivel, pero uno de los problemas que tiene el multinivel es el temor a una estafa, la inversión que tienen que hacer según el tipo de multinivel, la falta de tiempo, la falta de contactos suficientes, que no les gusta vender, que les resulta imposible cobrar, un buen vendedor tiene que ser un buen cobrador, no puedes vender sin saber cobrar, debes tener el tacto para estar pendiente de la persona que te tiene que pagar.

En los multinivel, cuando se invita a una persona tiene que ser cara a cara porque los estás invitando a que entren a tu canal de ventas para que vean los productos que estás vendiendo y comprueben lo efectivos y lo buenos que son, ellos tienen que conocer al 100% esos productos, pero ¿Qué ocurre cuando ellos quedan contigo en la cita y luego no van? El 35% de las personas cancelan las citas 15 minutos antes de la hora acordada. Si tú utilizas WhatsApp como forma de ventas, contáctales 25 minutos antes y le dices que por el tráfico de la ciudad llegaste antes: - "Ya estoy aquí" demuestra interés, dile que has querido llegar antes para no quedar mal que si no tiene inconvenientes pueden verse ahora, ahí estás utilizando las emociones para que el cliente tenga el compromiso de recibirte y no te cancele la cita.
Esto dependerá de que multinivel es, hoy en día se vende oro, criptomonedas, artículos de cocina, consumibles, esos clientes deben conocer a la perfección cómo utilizar tus productos para poder ofrecerlos luego.
Optimiza tu tiempo, los clientes tienen la posibilidad de decir "no me interesa" y pueden decírtelo también por WhatsApp.

Consejos básicos para lograr cierres de ventas más potentes

Con el producto o servicio que tú estás ofreciendo, antes de finalizar la venta puedes ofrecer un producto o servicio adicional que complemente esa venta y lograr vender un combo completo.

Dar información de valor te ayuda a vender mucho más, puedes enviarle información adicional no intentar venderle, simplemente enviar artículos de interés que te ayudarán a rematar el enganche emocional, y agregar algo así: "Si necesitas más información sobre la propuesta que te hice puedes aprovechar los beneficios de…" y ahí le estás informando lo bueno que es tu producto, le estás informando, no lo estas vendiendo, pero emocionalmente estás provocando que el cliente que te lee se diga para sí: "yo lo quiero"

Utiliza también los estados de WhatsApp, sube contenido a tus estados de WhatsApp todos los días, trabaja la base de datos de tu teléfono, dale sentido, segmentalo, ordenarlos de forma profesional en tu teléfono, puedes guardarlo por ciudades, por productos que te han comprado o servicios., de esa forma te resultará mucho más fácil cuando necesites buscar en tu agenda para informar de un evento que realizarás en una ciudad determinada, solamente deberás enviar comunicaciones masivas a la gente de esa ciudad.

Capítulo 3

WhatsApp Business

Capítulo 3 - WhatsApp Business

WhatsApp Business es una aplicación que descargamos al teléfono igual que el WhatsApp normal.
Si descargas esta aplicación ya no puedes utilizar el WhatsApp normal, la ventaja es que WhatsApp Business te ayuda a ser más rápido con los procesos de venta, utilizando etiquetas de colores para que puedas organizar tu base de datos y ordenarla por ciudades, países, por el producto que te compran habitualmente etc.
Cuando descargas esta aplicación procura hacer primero un backup de tu base de datos para no perder conversaciones y datos de tus clientes.

¿Qué otra opción te da WhatsApp Business? te da la opción de utilizar respuestas automatizadas.
Puedes utilizar mensajes de ausencia y de bienvenida, si tienes demasiados clientes y no trabajas los fines de semana, utiliza este tipo de mensajes.
Nunca demores demasiado en responder y si te demoras pide disculpas, de esa forma generarás más empatía con tu cliente.

Genera emoción en tu proceso de venta, evita textos largos y usa vídeos o audios, esto los involucra más en el proceso de venta y tu mensaje será mucho más claro.
Cuando tú generas emociones haces que el cliente se conecte más con el servicio o producto que le ofreces. Haz que la gente sienta el producto.
Si estás enviando una propuesta, envía un vídeo con testimonios de los clientes satisfechos, los testimoniales te ayudan a vender, y te hacen ver más profesional.

Los clientes hablarán por ti, la Atención al Cliente es lo que te ayudará a potenciar el negocio.

La gente es muy curiosa y aunque sea por curiosidad clicarán en tu audio o vídeo, por lo que tienes que hacer un pitch muy potente, tienes que hablar con voz de seguridad.

Un cliente que te deja en visto en WhatsApp la propuesta que le has enviado, y no te vuelve a responder, debes contactarlo una segunda vez, si esta segunda vez tampoco responde, déjalo y pasa al siguiente cliente.

Ponte metas, enfócate en lo que quieres lograr, ten en cuenta que, de cada 100 prospectos, mínimo le tienes que vender a 3 clientes.

Arma tu oferta para ganar, crea un speech ganador, arma tu embudo de ventas ¿Quién es tu cliente efectivo? ¿Dónde está concentrado el mayor número de personas que comprarán tu producto o servicio? crea un mensaje potente, fuerte, que conecte de inmediato con tus clientes y repite, repite, y repite.

Publica en todas las redes sociales donde está tu cliente, para que el cliente te vea y te busque, cuando tú haces feliz a un cliente y el cliente se siente contento con lo que le vendiste, te recomienda.

Pero si todo esto no te convence, no te preocupes, siempre te quedará la opción de seguir intentando vender a la antigua y ver si logras cumplir tu sueño a los 80 años

Si necesitas vender a 1.000 personas a un 3% de conversión, necesitas 300.000 personas expuestas a tus ofertas bien creadas

Ese 3% se puede alcanzar optimizando esa oferta, primero a 100 personas expuestas, luego 200 etc.

En este negocio todo es aritmética, psicología y comunicación y para eso hay fórmulas repetibles sin riesgo significativo, no se invierte fuerte hasta no tener un patrón ganador de pruebas controladas, por ejemplo, tienes que lograr que 821 personas vean tu mensaje de marketing a diario, puedes conseguir 821 personas hasta en una hora con una sola campaña medianamente decente, ni buena ni mala, solo una campaña decente bien realizada puede hacerte llegar a estas 821 personas qué necesitas.

Sólo lograrás tus objetivos si te esfuerzas y te focalizas en tus ventas, refuerza tu concepto de servicio.

Interactúa con el cliente, conecta con él, se abrirá más fácil a una conversación, dales tu nombre, verás que él también comienza a llamarte por tu nombre, registralo, agendalo para que los sorprendas hablándole tú por su nombre.

También el buen sentido del humor puede ocasionar que el cliente se sienta en confianza y propicia un buen ambiente para que se realice la venta, ten cuidado de comportarte y saber hasta qué punto puedes ser gracioso y utilizar un vocabulario informal.

Las preguntas correctas logran ventas, para entablar una buena relación con los clientes y hacer que éste no te vea como un simple vendedor, es necesario realizar preguntas que puedan realmente interesar al comprador y sentir que quien le vende se interesa por sus necesidades, no solo por realizar la venta.

Cuando escuchas a tu cliente, tienes que estar pensando qué necesidad le vas a solucionar y con cual producto, escuchar al cliente te da la facilidad de venderle los productos o servicios que tú quieres, pero si tus productos o servicios no se adaptan a sus necesidades debes decírselo, generar relaciones de confianza con los clientes garantizará que ellos siempre te prefieran a ti.

Ten en cuenta que la Neurociencia ha demostrado que las personas buscan comprar aquello que desean y les atrae, pocas veces el precio es lo más importante, en cambio si lo es la confianza que brindas.

Capítulo 4

¿Cómo tener mi WhatsApp automatizado?

Capítulo 4 - ¿Cómo tener mi WhatsApp automatizado?

Las nuevas tendencias, los nuevos chat bots están ayudando a hacer crecer nuestros negocios, utilizar mejor el tiempo y optimizar los recursos en nuestras empresas. En este capítulo veremos cómo utilizar esta herramienta a tu favor y poder optimizar tus tiempos.

Estrategias omnicanal

Con las nuevas tecnologías se ha vuelto imprescindible contar con tecnología de Atención al Cliente en todos los canales posibles, no se trata exclusivamente de aprovechar el teléfono esos días quedaron atrás, ahora las últimas tendencias en Atención al Cliente permiten a la gente de soporte contactar de manera digital, esto es: WhatsApp, mail y redes sociales. Al incluir estos medios, facilitamos la tarea de nuestros vendedores y agilizamos la Atención al Cliente, de esta forma los clientes quedarán más satisfechos.

Una estrategia omnicanal te permite adaptar todas las etapas de vida de nuestros clientes y detectar cuáles son las necesidades o problemas a través de múltiples puntos de contacto, es importante recordar que nuestros clientes ya se encuentran activos en cada uno de estos canales y para lograr el mayor enganche las empresas deben adaptarse a todos estos hábitos de consumo y navegación en las redes sociales.

Los principales beneficios de adoptar estos canales de comunicación son:

El crecimiento de nuestra empresa sin interrupciones.
La asistencia en tiempo real a través de chat bot y que nosotros podamos optimizar la realización de tareas.
Obtener valiosos insights de los perfiles de nuestro cliente, tanto clientes actuales como los nuevos que podrían llegar hasta nosotros.

El teléfono es el medio más importante para cualquier tipo de comunicación, nos mantiene conectados todo el tiempo y podemos hacer uso de diversas aplicaciones, por esta razón no resulta extraño ver que cada vez son más las empresas que despliegan todos sus servicios y los adaptan a este entorno, desde una web adaptada al móvil, una app, ofrecer el soporte técnico o una línea de mensajes directo.
Las empresas pueden hacer uso de este medio para ofrecer respuestas inmediatas a sus clientes, o lo más rápido posible, tenemos que utilizarlas sin olvidar algunos aspectos que debemos tener en cuenta para dar una buena Atención al Cliente vía telefónica y saber aprovechar todas las funciones móviles, por ejemplo, el uso de la geolocalización que nos permite informar al cliente donde encontrará una de nuestras sucursales en caso de que necesite requerir asistencia en determinado momento.
Otra posibilidad es estar disponibles a través de llamadas virtuales, que nuestros equipos estén atentos ante una posible llamada o requerimiento de nuestros clientes en cualquier momento, siempre debemos estar listos para una respuesta inmediata.

Los mensajes masivos están bajo la atenta observación de WhatsApp

Seguramente habrás oído hablar del concepto spam, pero siempre ligado al correo electrónico, pero no sólo tiene que ver con este tipo de plataformas para el intercambio de mensajes, la regulación del estado del spam en términos legales afecta no sólo al correo electrónico, sino también, a cualquier otro medio de comunicación electrónica equivalente, es ahí donde encaja no solo WhatsApp sino las redes sociales como Facebook, Instagram etc

Recuerda que los spam son el envío de contenido que incumplen con determinados requisitos, cómo que el destinatario de estos contenidos no haya solicitado o autorizado el envío, que el contenido que envíes haya sido de forma automatizada o masiva, y también se incluye en la descripción de spam que el remitente del contenido sea generalmente desconocido para el destinatario, por lo tanto, una parte importante de los mensajes que los usuarios envían a través de los envíos de difusión de WhatsApp, encajan en términos legales con la descripción de spam.

¿Qué pasa hoy con los centros de Atención al Cliente?

Las compañías se enfrentan a crisis de reputación a diario, un cliente molesto con el producto o servicio prestado, un malentendido público sobre la gestión de la empresa, un escándalo de malas prácticas, son solo ejemplos de estas delicadas pero cotidiana situaciones, los clientes se quejan por la mala atención de los vendedores etc. esto se da constantemente y estas crisis de reputación no se producen en un único canal sino que se reproducen cada día como una forma de ataque a la compañía, antes eran los medios de comunicación los que provocaban estos fenómenos, mientras que la única interacción directa de nosotros como consumidores con la empresa pasaba por enviar una carta o llamar al centro de Atención al Cliente para poner una queja.

Ahora es diferente, con el auge de internet la situación ha cambiado drásticamente, porque un clic de un usuario descontento puede volverse viral en apenas minutos. Estamos ante un escenario desafiante no sólo para las empresas, sino para todos los componentes de nuestra empresa y no hay empleados sea cual sea su departamento, que no pueda servir de embajador de la marca con los clientes y tratar a ese cliente directamente.
Cada departamento debería saber direccionar a ese cliente con la persona indicada que le dará una solución a su problema y dejarlo de esta forma satisfecho, cambiar esa actitud molesta, esa queja del cliente a un cliente satisfecho.

¿Qué tenemos que hacer?

Debemos tener personalización al máximo, antes hablábamos de estrategia omnicanal para que el contacto a través de diversos medios sea óptimo, la clave es la personalización.
Es nuestra aliada más poderosa. un departamento de Atención al Cliente personalizado es sinónimo de lealtad y confianza del cliente y uno de los pasos más importantes de la personalización es conocer al cliente, para ello deberíamos de contar con un perfil de nuestro cliente tipo, para obtenerlo debes conversar con los clientes llamándolos por su nombre, creando una atmósfera de confianza, sin olvidarnos que tenemos que estar enfocados en lo que el cliente realmente necesita y si te apoyas en un buen CRM podrás saber el historial de solicitudes de tu cliente y de esta forma lograrás atender y dar una solución adecuada, y para ello debes trabajar la automatización a través de WhatsApp.

Debemos utilizar un tono que encaje con la personalidad de nuestro cliente, debes saber hablar a los clientes, es muy importante para poder personalizar las relaciones de negocios, con un poco de esfuerzo las marcas pueden conocer la personalidad de sus clientes, tomar nota y asegurarse de que los vendedores le hablen en el tono donde el cliente se siente más seguro y también debemos dirigir a los clientes con los vendedores que tengan las habilidades más apropiadas y que conozcan los tipos de personalidades de clientes, los vendedores deben entrenarse para trabajar con todo tipo de personas.

Vendedores que puedan atender personas propensas a la ansiedad o frustración, este tipo de clientes lo puede atender un vendedor que este entrenado para ello, que esté dispuesto y que tenga la capacidad de atender personas con estas características, los resultados pueden ser abrumadores.

Empodera a tus clientes escuchando sus necesidades, pídeles que te digan qué necesitan, toma nota de los nombres de tus clientes y de los canales por los cuales llegan a ti. Tienes que trabajar la experiencia cliente, darle al cliente la mejor atención por su canal de comunicación favorito, también debes tener gestos amables con tus clientes, mostrarles el agradecimiento de la marca es una buena forma, por ejemplo, la empresa puede enviarle un mensaje personalizado después de una compra o tener una interacción de servicio para agradecerle, o también ofrecerles alguna asistencia si lo necesitan, ofrece programas de fidelización y de eventos promocionales y podrás enviarle regalos con notificaciones en los cumpleaños, enfocarte en solucionar los problemas del cliente, esto siempre genera una buena interacción.

Crea contenido personalizado, para ello puedes recomendar productos o servicios que puedan gustarle a los clientes según el historial que tú tendrás de sus compras, comparte contenido de tu blog, o vídeos para que los clientes vean las promociones que tienes.
Recuerda que las promociones de la página de inicio influyen un 85% en los clientes para que compren, al mismo tiempo las recomendaciones de compras personalizadas influyen en el 82% de los clientes que tenemos online
Las redes sociales se han convertido en uno de los canales más importantes para contactar con las empresas, por esta razón resulta imprescindible la presencia en las principales plataformas Facebook, Twitter y LinkedIn lideran la lista y tendrás que trabajarlas en mayor o menor medida según sea tu producto, negocio o servicio.

Estos últimos años hemos visto que el contacto en social media puede construir mejores relaciones entre empresa y cliente, y no solo se fortalece la imagen de la empresa, sino que los clientes satisfechos estarán más abiertos a comprar sus servicios o compartir tus servicios de forma online, la buena Atención al Cliente vía redes sociales son siempre la mejor alternativa.

Los últimos datos de las encuestas realizadas arrojan que la mayoría de los clientes prefieren las redes sociales debido a la rapidez de respuesta y la comodidad y es por ello, que una llamada telefónica será en su mayoría reemplazada por un mensaje directo en cualquiera de los perfiles de tu organización.

Las reseñas sobre productos o servicios están al alza en internet y las empresas se ven obligadas a brindar una mejor Atención al Cliente ya que esto afecta directamente su reputación y a la confianza generada en los consumidores.

Cuando entramos a una tienda y no hay nadie dispuesto a atendernos, usualmente no nos gusta esperar y nos marchamos, lo mismo ocurre con la atención en las redes sociales, mi recomendación es que aproveches las herramientas de análisis para saber quiénes son tus clientes y de esta manera poder personalizar al 100 por 100 las respuestas que darás.

Hablemos de tecnología

Todo está en el poder de la automatización, el uso de inteligencia artificial está revolucionando el soporte al cliente, es una de las tendencias más poderosas, ya que te permite agilizar el proceso de atención y resolución de dudas y funciona gracias al almacenamiento de datos de los clientes y sus preferencias, los principales problemas, las preguntas frecuentes, el contexto etc.

Con esta base de datos, los vendedores pueden ofrecer respuestas detalladas y evaluar y dar respuestas exactas en menos tiempo.

La inversión en CRM para gestionar el primer contacto durante el soporte, libera la lista de prioridades y gastos relacionados con la contratación y entrenamiento de personal para tu empresa. Implementar software de automatización no significa perder el toque humano, de hecho, la gente puede hacer uso de la información recabada por los bots para cerrar mayores ventas, ya que con el conocimiento exacto de su cliente podrá mitigar cualquier dificultad durante el proceso de venta.

Lo clientes ya no llaman por teléfono, prefieren chatear con tu empresa y la aplicación preferida para chatear es WhatsApp, hay opciones de software que nos permiten dar respuesta de manera automatizada y rápida vía WhatsApp y de forma económica. Con este tipo de aplicaciones puedes enlazar desde uno hasta cinco vendedores virtuales a un mismo número de WhatsApp según las necesidades de tu empresa, el sistema será quien direccionará el prospecto a cada vendedor que tú asignes, este sistema registra conversaciones y el vendedor podrá poner el estatus del cliente para poder darle seguimiento, también permite tener respuestas automatizadas a los clientes y que el cliente tenga de esta forma una respuesta rápida gracias al bot de automatización.

¿Qué es la asistencia en tiempo real o el chat en vivo?

Nos referimos a la asistencia en tiempo real o chat en vivo por WhatsApp, cuando un cliente está a punto de cerrar la compra en uno de tus canales online, ya sea por tu página web o tienda en línea, y le surge una duda acerca de tu producto o servicio ¿No sería increíble poder ayudarlos justo en ese momento?

Esa es la ventaja de contar con un *live chat* en tu sitio web, los procesos de automatización de tu sitio web mediante un software te dará la posibilidad de ofrecer Atención al Cliente en tiempo real, el cliente tiene acceso a esa herramienta durante todas las etapas del proceso de compra.

Con la implementación de estas herramientas será cada vez más fácil dar soporte y Atención al Cliente desde tu casa, eso se verá reflejado en la reducción de costos y podrás aumentar el número de usuarios atendidos, de esta forma las empresas podrán poner más enfoque en ofrecer un ambiente laboral mucho más flexible para sus equipos.

Capítulo 5

¿Cómo evitar que bloqueen tu WhatsApp?

Capítulo 5 - ¿Cómo evitar que bloqueen tu WhatsApp?

La mejor manera de retener a los clientes es haciendo un buen servicio post venta, la ventaja que tiene utilizar WhatsApp Business es que puedes utilizar etiquetas, enviar mensajes, utilizar catálogos, es la aplicación para que realices procesos de venta de forma efectiva, rápida, utilizar listas de WhatsApp es muy fácil y te dan mayor rapidez para que puedas vender de mejor manera, pero puede ocurrir que bloqueen tu cuenta, entonces ¿Que puedes hacer para recuperarla?

Recuerda que todas las redes sociales cuentan con normas de uso qué tienes que leer y respetar para poder saber que puedes subir a la red y que está penalizado por esa misma red social, que por ende pueden llevarte a un bloqueo temporal o definitivo dependiendo de la falta que cometas con ellos, por ejemplo, WhatsApp Business bloquea las cuentas de los usuarios que utilizan software de terceros o software que no está autorizado por la plataforma, también hay otros motivos por los cuales WhatsApp te puede bloquear y esto hará que no puedas volver a utilizarlo hasta que ellos te desbloqueen.

Si utilizas WhatsApp para enviar noticias falsas de hechos no reales, te van a bloquear, igual que ocurre ya con otras redes de mercadeo, si haces en gran cantidad de envíos siempre a tus mismos contactos, también te pueden bloquear, hay cosas que no están permitidas, si envías información masiva de multinivel de redes de mercadeo también te van a bloquear, debes tener mucho cuidado cuáles son las palabras que vas a utilizar para que no te bloqueen.

También pueden bloquearte cuando estás utilizando WhatsApp y enviando mensajes desde el teléfono y al mismo tiempo estás utilizando WhatsApp Web desde el ordenador, otro motivo es cuando varios usuarios al mismo tiempo reportan que estás enviando contenido que no es adecuado, que es información con fines comerciales que ellos no han solicitado , recuerda que debes tener agregados a tu agenda a todos los contactos, si haces envíos masivos a contactos que no te han agendado, las personas que reciben ese mensaje reciben un aviso donde WhatsApp les permite bloquearte.

A los treinta mensajes recibidos de este tipo contra un mismo usuario de WhatsApp, puede provocar que bloqueen tu cuenta, ya sea que te bloqueen los propios clientes o que te declaren spam.

Recuerda que cada mensaje de difusión abarca aproximadamente hasta 250 contactos, pero debes tener cuidado, si WhatsApp detecta que estás enviando dos o tres mensajes seguidos de este tipo te pueden bloquear.

Antes WhatsApp permitía enviar mensajes de difusión 1000, 2000 sin problemas, pero ahora no, es una de las principales causas por las cuales se bloquea tu WhatsApp, si envías mensajes repetitivos ya sea imagen o vídeo y lo estás enviando a mucha gente al mismo tiempo, WhatsApp lo detecta de inmediato, si necesitas enviar mensajes en grandes cantidades, tienes que contratar una empresa que te ayude de forma efectiva a enviar mensajes de difusión, hay muchas actualmente en el mercado y con buenos resultados

Ten en cuenta que, si muchos de tus contactos no te tienen agregado en su agenda, es donde vienen los problemas, cuando llega un contacto nuevo a tu teléfono lo primero que tienes que hacer es saludarlo: -Hola cómo estás? te saluda Mónica de DC Instalaciones, por favor confirmame tu nombre y agregame a tu agenda de contactos para cualquier cosa que necesites, de esta forma evitarás el spam en WhatsApp.
Si no lo haces así, empieza oficialmente ahora, es importante que te tengan agregado en la agenda para qué el envío de mensajes que hagas pueda llegar a las personas de forma efectiva.

Si te bloquean y necesitas recuperar tu cuenta deberás enviar un email a Atención al Cliente de WhatsApp para solicitar que te la desbloqueen.

Cuando bloquean tu cuenta, lo primero que tienes que hacer es enviar un email a support@whatsapp.com y en el asunto le tienes que poner "Cuenta bloqueada" haciendo referencia a tus datos personales, tu número de teléfono, qué tipo de teléfono tienes, el sistema operativo y el modelo del teléfono en el cual te bloquearon

Explicarles brevemente el motivo por el que crees se generó el bloqueo, pero este mail debes enviarlo de forma inmediata, si esto ocurre solo te queda esperar por eso muchas veces es recomendable tener un segundo número de teléfono.

¿Cuánto tiempo demoran en contestarte? Generalmente 24 horas, si eres reincidente pueden llegar a demorar hasta dos y tres días.

Cuando WhatsApp te desbloquea, los mensajes y chats que entraron a tu teléfono durante el tiempo que demoraron en desbloquearte no desaparecen, pero si te bloquean y eres reincidente puede que no quieran abrirte una cuenta de WhatsApp Business nuevamente.
Ten presente que, si esto ocurre, las conversaciones y los contactos que tenías en WhatsApp Business no podrás recuperarlos en el WhatsApp normal, salvo que previamente hayas realizado una copia de seguridad.

¿Qué pasa con WhatsApp?

Como sabrás a estas alturas del año, WhatsApp lleva varios meses hacia el camino de la monetización, la idea es que sea una herramienta que facilite la venta entre los clientes y las empresas, y lleva varios meses dando un paso más allá con los catálogos para que las compañías puedan presentar sus productos, de esta forma ya no tienes que enviar la clásica imagen o vídeo y pitch, esto te ayudará a evolucionar y tener un mejor control del contenido que estás compartiendo.

WhatsApp está evolucionando y está ofreciendo formas más prácticas para que puedas trabajar, dentro de los catálogos puedes crear una descripción de tu producto o servicio, puedes poner códigos para que el cliente compre directamente y te permite incluso poner el precio.

Los catálogos son para exhibir y compartir tus servicios o productos y que el cliente vea más fácilmente lo que pueden comprar, ahora puedes subir y compartir toda esta información sin caer en el spam.

WhatsApp está buscando convertirse en una tienda virtual y que se concreten todas las operaciones desde su plataforma, por eso está brindando nuevas posibilidades para que los clientes obtengan toda la información desde este servicio de chat, sin tener que salir de él, pero este es solo el primer paso.

¿Pagar por WhatsApp?

Este es un nuevo proyecto en el que viene trabajando la compañía desde hace tiempo y será una gran oportunidad que nos dará la aplicación para lograr vender de mejor manera.

WhatsApp payments es un sistema de pago integrado aplicado a la mensajería de WhatsApp que permitirá abonar desde la plataforma, esta herramienta servirá no solo para WhatsApp Business sino también para WhatsApp normal y podrá ser vinculado a Facebook e Instagram y también se podrá enviar dinero de un contacto a otro siempre que esté en tu agenda de teléfono.

En un futuro podremos ver Netflix desde esta aplicación, del mismo modo que ya ocurre con los enlaces del canal de YouTube, con un solo clic todo se realizará desde la misma aplicación para que no salgas de ella, como forma de buscar un espacio donde puedas hacer todo sin tener que salir.

Capítulo 6

Típs poderosos para hacer WhatsApp Marketing

Capítulo 6 - Típs poderosos para hacer WhatsApp Marketing

Tienes que ser coherente al 100% todos empezamos de abajo, tienes que ser una persona real, tú eres tú marca personal, quien les vende a las personas, a quién recordaran, si les mientes las personas se acordarán de ti no de la marca para la que estás trabajando.
Si hablas con conocimiento de tu producto, cuando vendes algo lo primero que tienes que hacer es probar, consumir el producto o servicio que estás vendiendo, para que puedas venderlo de mejor manera.
Cuida la manera en que hablas, vende con honestidad y venderlas más.

Que no te de miedo invertir en campañas publicitarias, si tú inviertes 100€ puedes llegar a facturar 500€ en un corto plazo, siempre pregunto en mis cursos: ¿Cuántas personas tienen más de 500 contactos en su teléfono?
Realmente solo levantan la mano el 15% si eres vendedor debes tener contactos en tu teléfono ¿Como quieres vender por WhatsApp si no tienes contactos en tu teléfono?
Tienes que apalancarte en todas las redes sociales, ya sea en Facebook Instagram, YouTube, WhatsApp Business

Puedes generar un montón de contactos nuevos realizando pequeñas campañas de publicidad, y esto sin tener en cuenta cuántos clientes pueden llegar solos por qué te han visto en Facebook o en tu canal de YouTube.

Debes utilizar las redes sociales como trampolín para generar contactos y bases de datos para tu teléfono, de todos tus contactos el 40% puede llegar a comprar algo, el 60% de tus contactos que no compren ya los tienes agendados en tu teléfono, en algún momento la información que subas a tus redes sociales, en una segunda oportunidad o tercera, quizás les termine interesando y terminen comprando algo, por eso es tan importante utilizar las redes sociales y pagar campañas, de esta forma te llegaran muchísimos más clientes.

¿Quieres llenarte los bolsillos facturando por tus ventas?

Tienes que dedicar tiempo a tus clientes, las respuestas cara a cara siempre generan buen resultado en las ventas, puedes utilizar bots automatizados para dar respuestas automáticas en los horarios en que no estés disponible, pero no abuses de ellos, nunca tendrás el mismo resultado que si atiendes directamente.
La Atención al Cliente directa y personalizada conecta muy bien con las personas, la mayoría de los clientes no quieren que los atienda un robot.

Ten cuidado con contactos que puedan bloquearte

El cliente tiene el derecho y el control para compartir tu información, de recomendarte y de comprarte, ¿Por qué pasan estas cosas?

Por la satisfacción que sintieron de la atención qué le distes, tú eres la marca, tú eres el que está detrás de la persona, la marca del producto o servicio queda atrás, tú como vendedor ¿Cómo te estás vendiendo? ofreces el conocimiento al100% del producto o servicio que estás vendiendo, no debes titubear, si titubeas en el momento en que le estas dando la información a tu cliente qué se siente feliz de que te va a comprar algo y dudas, se puede caer la venta, pierdes credibilidad como vendedor.

Como atiendes a tus clientes, como les das seguimiento en tu teléfono, es lo que te genera ventas, si no tienes tiempo y tienes gente en tu equipo capaz y que le guste atender el teléfono, por una persona que este siempre pendiente del teléfono, tienes que amar las ventas por WhatsApp porque si no te das el tiempo, perderás ventas, tienes que estar presente.

WhatsApp es una herramienta totalmente visual, desde WhatsApp puedes enviar vídeos y fotos, los vídeos cortos de 30´ segundos conectan mucho más a las personas y si envías un pitch de ventas de tu producto o servicio con un mensaje de voz, terminas rematando la venta, con un buen vídeo enganchas, tendrás una venta mucho más poderosa que si antes enviabas solo el mensaje.

Con un vídeo bueno y corto y una imagen que conecte, tendrás un 90% más de posibilidades de éxito. Enviar fotografías profesionales, imágenes que llamen la atención, que sean de calidad, la voz y la autoridad que ejerces como experto en lo que vendes, es todo lo que necesitas para el cierre de ventas.

Capítulo 7

Herramientas básicas que debes dominar para vender por WhatsApp

Capítulo 7 - Herramientas básicas que debes dominar para vender por WhatsApp

Tienes que desarrollar la habilidad de escribir de manera persuasiva, los textos persuasivos en tu chat pueden conseguir que tu cliente ideal realice una acción.
Debes escribir tu texto con un llamado a la acción y de esa forma hacer que el cliente te compre.

Pasos importantes para tener en cuenta:

1 - Cautivar, llamar la atención del cliente.
2 - El texto que acompaña al vídeo o foto debe ser persuasivo.
3 - Hacer un llamado a la acción, con un botón de bit link para que el cliente llegue a tu teléfono y tú termines de dar toda la información y cerrar la venta.

También debes utilizar verbos de acción en tus publicaciones. ¿Los utilizas?
Utilizar verbos como, por ejemplo: poder, lograr, proteger, entretener, dominar transformar, recordar, disfrutar, conquistar, alcanzar.
Son verbos de acción que debes utilizar para hacer que la gente conecte con lo que estás vendiendo. Cuando utilizas en tus Copyright estos verbos la gente se conecta contigo.

Utiliza imágenes interesantes que vendan estilos de vida, así de sencillo, si vendes productos alimenticios ¿Cómo cambiara la vida de la persona que te compra? ¿Cómo va a disfrutar de la vida? todo eso es importante, tienes que vender un estilo de vida, las imágenes fijas no venden, estos días vende mucho más los vídeos.

Los vídeos conectan más porque estás mostrando acción, y eso que el cliente quiere vivir.

Ofrece contenido de valor en tus redes sociales, es muy importante subir material de forma constante, no puedes esperar tres meses, tienes que ser constante, de lo contrario no obtendrás resultados, todo es trabajo, todo es hacer las cosas de manera ordenada para que las ventas te den los resultados esperados.

Enfocate en las necesidades de tus clientes ¿Qué es lo que necesitan?
¿Qué es lo que tiene que aprender para que tú puedas tener más ventas?
Tienes que vender con ética, no puedes prometer cosas que no puedes cumplir, el que quedará mal eres tú como vendedor ¿Qué crees que pensarán los clientes? no te volverán a comprar, tienes que ser consciente de ello.

Diversifica tu mercado, aprovecha las redes sociales, no debes limitarte a tu tienda física de toda la vida, ni limitarte a tus ventas de un solo mercado, tienes que generar ventas desde y por distintos canales.

Pronto Facebook lanzara nuevas tiendas virtuales, en un futuro no muy lejano tanto en Facebook como en Instagram, los usuarios podrán visitar sus tiendas preferidas y comprar desde los chat de WhatsApp de forma directa.

La mayoría de nosotros ya utilizamos plataformas para hacer compras de productos y servicios, con esto podrás anunciarte con WhatsApp Business y teniendo una Facebook fan page o Instagram, podrás tener tu propia tienda virtual en esas plataformas.

El objetivo será hacer que las compras sean más fluidas y que cualquier persona, desde el propietario de una pequeña empresa o un emprendedor, sean capaces de hacer una marca global para conectar a sus clientes con WhatsApp y así puedan tener mejores resultados, podrán crear sus tiendas virtuales de forma gratuita y esto aparecerá automáticamente dentro de sus perfiles en Facebook y en Instagram, las empresas podrán elegir qué incluir en su catálogo y personalizar el aspecto de su tienda, cualquier vendedor sin importar el tamaño de nuestro presupuesto, podrá poner sus negocios en línea y conectarse con los clientes, donde quiera y cuando sea conveniente para ellos.

Por todo esto tienes que aprender a manejar WhatsApp de manera más efectiva, tienes que estar preparado para los tiempos que vienen.

Consejos para atraer clientes a tu negocio de forma constante, gracias a las redes sociales

Ten tus perfiles al día y bien optimizados, con información de valor, tienes que subir todas las semanas contenido de valor a todas las redes sociales para que tus clientes estén siempre pensando en ti.

Crea tu propia fan page, la página tiene que estar completa y tienes que actualizarla con frecuencia, habla de los productos que vendes y los beneficios, tienes que aprender muy bien cómo manejar tu fan page, es la que te generara tráfico, la fan page es para hacer negocios y es allí donde le pondrás dinero para generar clientes hacia tu teléfono.

Invierte en publicidad, un vendedor productivo y con ideas tiene mejores resultados, no te conformes solo con los clientes que te llegan, tienes que hacer campañas para generar más leads, tienes que ser ambicioso como vendedor, que no te de miedo invertir, si eres un vendedor productivo esta inversión se va a duplicar.
Los vídeos son la herramienta, utiliza los vídeos en tus redes sociales y ten un canal de YouTube, el canal de YouTube no pierde vigencia, en tu página de Facebook los vídeos van quedando abajo y la gente se olvida de ellos, a lo mejor te aparece luego como recuerdo y si alguien le da me gusta, vuelve a subir pero por lo pronto un vídeo que tú subes en Facebook o en Instagram pierde relevancia en 20 días, pero en un canal de YouTube nunca pierde relevancia y depende mucho del título que le pongas, un buen título en tu video de YouTube genera más visitas y la gente siempre los estará viendo, abre tu propio canal de YouTube y te traerá tráfico.

¿Tienes en tu WhatsApp una base de datos de clientes que compraron una vez y no te volvieron a comprar nunca más?

Lo que puedes hacer es enviarles un vídeo con información, no les intentes vender, primero envía contenido de valor, envía un vídeo saludándoles, ofreciéndoles una solución con un producto o servicio, no vendiéndoles, sino diciéndoles qué pueden solucionar ellos con alguno de tus productos, si se interesan ellos mismos van a regresar y te van a buscar, pero muestra soluciones, no intentes venderles, ellos volverán solos una vez que vean la información.

Vende sin vender, no vendas, informa. Los clientes volverán a contactarte y así podrás captarlos nuevamente y generar ventas.

Capítulo 8

WhatsApp Business, un recorrido por esta aplicación

Capítulo 8 - WhatsApp Business, un recorrido por esta aplicación

Recordemos que Facebook es el dueño de WhatsApp y de Instagram y hace un tiempo lanzo WhatsApp Business. El objetivo a corto y mediano plazo es que Facebook integrará todas las plataformas de manera tal que todo el sistema de captación del prospecto hasta el cierre de la venta, lo hagamos a través de los productos de ellos.
Los mejores negocios los vamos a hacer con WhatsApp Business, está excelente aplicación nos permite generar muchas funcionalidades, ten en cuenta antes de instalarlo que tendrás que hacer una copia de seguridad del WhatsApp normal que tenías instalado en tu teléfono para no perder todos los contactos y tus archivos.

Funciones que ofrece WhatsApp Business

Perfil

Desde el perfil puedes editar toda la información básica sobre tu negocio, podrás editar la foto de perfil, la dirección de tu empresa, encontrarás diversas categorías para tu negocio, podrás ingresar una descripción, un correo electrónico y tu página web. También puedes poner el horario comercial de tu empresa para que las personas no te envíen WhatsApp en horarios inadecuados, para editar solamente tienes que hacer clic en el dibujo del lápiz qué está del lado derecho de la pantalla.

Lo primero que debes hacer es configurar la foto de perfil.

¿La foto de perfil? Si, es la primera impresión que tendrán los clientes de ti.
¿Qué es lo primero que miras cuando una persona te escribe por primera vez y tú no la conoces?

Miran la foto para ver con quién está hablando, quien es, como es, qué hace, por eso una de las primeras cosas que tienes que hacer es cargar tu foto, si tú quieres manejar tu marca personal y quieres ser tú quien aparezca y aparecerá tu nombre, tendrás que colocar una fotografía tuya, pero una fotografía profesional que refleje lo que haces, una fotografía que genere una validación.
No debes colocar una foto mirándote al espejo o comiendo en un restaurant, tiene que ser una fotografía profesional.
En el caso que no quieras que te vean a ti, puedes colocar el logo de tu empresa, ten en cuenta que vas a dejar esa única foto, ese único logo, y no lo cambiarás con frecuencia, no se trata de ir cambiando la fotografía según tu estado de ánimo. Necesitamos generar confianza a través del chat, la venta es un proceso de generar confianza y si alguien me está escribiendo y voy a su perfil y no hay una foto, no genera confianza para conversar.

Cuando habilites tu horario comercial, también podrás habilitar un mensaje de ausencia.
El mensaje de ausencia se activará toda vez que el horario comercial que tú tengas configurado termine, y le enviara al contacto el mensaje que tú hayas configurado previamente, podrás definir a qué destinatarios deseas que le llegue este mensajes de ausencia, puede ser a todos tus contactos incluso a los que no están en tu libreta de contactos, o poner excepciones.

También tienes la opción de enlace directo, el enlace directo es un link que te genera WhatsApp Business ¿Para qué sirve?

Lo que hace es generarte un link que podrás poner en tu fan page de Facebook, en tu cuenta de Instagram o en cualquiera de tus redes sociales, por ejemplo, ofreces un producto o servicio y les dices que para más información pueden darle clic a ese enlace, cuando tú prospecto le dé clic a ese enlace, se abrirá directo una ventana de tu WhatsApp y habrá más posibilidades de que te contacte directamente.

Mensaje de bienvenida.

Este mensaje lo recibirán las personas que te escriban por primera vez a tu WhatsApp o personas que no te hayan enviado mensajes durante los últimos 14 días. Cuando actives tu mensaje de bienvenida debes presentarte, por ejemplo: -Hola te saluda Carmen de Service Tres, ¿Cómo te llamas?
Este mensaje de bienvenida tiene el objetivo de incentivar una conversación, si tú haces una pregunta, obviamente la otra persona te dará una respuesta y es ahí donde empieza a funcionar la técnica del chat marketing.
Saluda, presentate y haz una pregunta incentivando la conversación, en este caso pregunta el nombre para que sepas con quién estás hablando.

Configurar el mensaje de ausencia.

Si has configurado el horario de Atención al Cliente de tu empresa puedes enviar un mensaje de ausencia, por ejemplo, -Hola, en este momento no estamos disponibles, pero responderemos cuando volvamos, dinos tu nombre y cómo podemos ayudarte.

Función de respuestas rápidas.

Esta función es muy útil, te permite enviar respuestas previamente redactadas a todas las personas que te pregunten algo recurrente a través de tu WhatsApp, por ejemplo, si vendes un producto que está de moda y todos tus clientes te hacen las mismas preguntas: ¿Dónde pueden transferirte el pago de tu producto? esa información del número de cuenta donde deben transferir el pago puedes tenerla escrita y lista en estas respuestas rápidas, así cuando te pregunten por esa información, o cómo te pueden pagar, simplemente iras a la sección de respuestas rápidas y se lo reenviarás.

Lo mismo podrás hacer para las características de tu producto o servicio, sirve para cualquier pregunta recurrente, por ejemplo, si te preguntan por la dirección de tu oficina puedes ponerle: la dirección de mi oficina es... allí podrás añadir la dirección de tu local y todos aquellos datos que tú creas que ayudarán a estas personas a llegar a tu tienda, luego para poder utilizar respuestas rápidas, una vez que llegue la pregunta de tu cliente simplemente vas a la conversación y colocas el símbolo con la raya oblicua / esto desplegará un menú con todas tus respuestas rápidas, simplemente tendrás que elegir entre ellas la que tú deseas enviar o también colocando la primera letra del título que le pusiste a tu respuesta rápida en este caso dirección.
También puedes configurar respuestas rápidas con alguna fotografía que desees enviar, en la parte derecha aparecerá

un icono con la cámara fotográfica, le das clic ahí y podrás añadir la foto que tú desees.

Etiquetas

Para comenzar a utilizar las etiquetas tan solo debes elegir los contactos o los números que están en tus conversaciones de WhatsApp, ya sean personas que te han escrito por el link de tu fan page, tu Instagram, Facebook o alguien que te escribió directamente, no importa que no lo tengas agregado en tu lista de contactos, pero si ya tuvo una conversación contigo podrás seleccionarlo y una vez que has seleccionado todas las personas que quieras agrupar, deberás ir a la parte superior donde aparece una etiqueta y le das clic ahí aparecerá un menú qué dirá etiquetar al elemento y tendrás 5 ejemplos de etiquetas, puedes cambiarlas y editarlas o crear nuevas también.

Si quieres crear nuevas etiquetas puedes ir a la parte de abajo donde dice nueva etiqueta, y allí puedes elegir un color para la etiqueta, puedes agrupar a todas las personas por prospectos o interesados, agrupar a todos los que te compran un determinado producto o servicio, por ciudad etc. de esta forma podrás agruparlos por separado, para filtrar tan solo deberás ir a la parte superior de tu WhatsApp donde está la lupa, te aparecerá en la parte derecha unas tres rayas clickas ahí y te aparecerá la lista con las etiquetas que has creado.

Además, WhatsApp ha añadido la función para compartir catálogos de las empresas y artículos individuales a través de enlaces. La compañía se ha propuesto impulsar las comunicaciones entre empresas y clientes, para ello ha anunciado una nueva forma de iniciar chats utilizando códigos QR.

Los usuarios podrán escanear los códigos QR que pongan a disposición las empresas, ya sea en sus tiendas, recibos de compra o paquetes de producto, para ponerse en contacto con ellas. Tras el escaneo, se abrirá un chat acompañado de un mensaje opcional que podrás predeterminar como empresa, ya no habrá que añadir a los contactos el número de WhatsApp del negocio de forma manual para comenzar a hablar.

Se trata de una funcionalidad diseñada para organizaciones que utilizan la aplicación WhatsApp Business o la API de WhatsApp Business, otra novedad de esta aplicación es la facilidad para difundir los catálogos de productos y servicios ofrecidos por las empresas, los catálogos y los artículos individuales pueden compartirse a través de enlaces en sitios web, las redes sociales, Facebook e Instagram y otros lugares, esto ya está disponible a nivel mundial y están pensados para que los propios usuarios puedan reenviarlos con solo copiarlos.

Los catálogos de WhatsApp Business vienen integrados, son una excelente opción para ahorrar tiempo, en este capítulo veremos cómo utilizar los catálogos para vender entre Facebook Instagram y WhatsApp eso nos va a ayudar y facilitarnos un montón la venta porque será solo conectado a hacer publicidad.

En Facebook y en Instagram conectamos a las personas a través del WhatsApp y desde WhatsApp les vendemos.

Api de WhatsApp

El Api de WhatsApp es un link que ayuda a que las personas lleguen hasta tu WhatsApp tan solo dando un clic, una vez que tú lo generes vas a poder colocarlo en tus redes sociales, en tu página web, siempre que tú dejes un mensaje, una publicidad o en un grupo de Facebook, puedes dejar está call to acción.

Fue diseñada para medianas y grandes empresas, la interfaz de programación de aplicaciones (API por sus siglas en ingles) de WhatsApp Business impulsa la comunicación con tus clientes alrededor del mundo y te permite contactarte con ellos a través de WhatsApp de forma simple y confiable.

Con este link el cliente no necesita memorizar tu número de WhatsApp, sino que dando clic simplemente en este enlace pueda conectarse contigo y tú darle más información

¿Cómo crear un enlace de WhatsApp con mensaje personalizado?

WhatsApp se ha convertido en uno de los canales más importantes para generar ventas, si deseas generar un enlace personalizado de forma rápida y sencilla para que tus clientes se contacten contigo, aquí tienes un ejemplo:

Vas a Google y escribes la frase WhatsApp link Generation, podrás elegir entre varias páginas, postcron, mott, create.wa.link etc.

Básicamente todas las páginas funcionan igual, te pedirán coloques tu número de teléfono, y te preguntarán que mensaje personalizado quieres para cuando las personas te contacten. Lo completas y le das al botón de generar enlace.

Podrás colocar estos enlaces en tus anuncios en Facebook y en tu perfil de Instagram.

¿Cómo puedo hacer que mi enlace sea más corto?

Es posible que consideres que el link es muy largo y no se vea bien en tus publicaciones, es por eso por lo que aconsejamos acortadores de links como bitly.com en donde puedes pegar el enlace obtenido y das clic al botón "shorten"
Una vez que le des clic ya tendrás listo tú enlace, puedes crear muchos link de WhatsApp para cada producto en específico, este enlace será el mismo solo que en su versión reducida, ahora cada vez que hagas una publicidad de tu producto o servicio podrás colocar este link y decirles a las personas que si desean contactarse contigo le den clic a ese botón y llegarán directamente a tu WhatsApp.

Capítulo 9

Embudo de ventas para WhatsApp

Capítulo 9 - Embudo de ventas para WhatsApp

Se trata de un embudo donde todos los días tenemos que estar agregando gente, contactos nuevos, conociendo potenciales clientes, en este embudo tienen que entrar contactos todos los días, para que entre gente a nuestro embudo y la estrategia de WhatsApp Business marketing funcione, tenemos que conseguir base de datos, la materia prima para hacer WhatsApp marketing es conseguir contactos.

¿Para conseguir esa gente, esos números de teléfono, que tengo que hacer?

Publicidad, básicamente tienes que hacer publicidad, tener una página web lista y optimizada para que te empiecen a llegar contactos por la página web o redes sociales. Tienes que hacer campañas en Facebook ADS, campañas de Seo, campañas en Instagram y campañas en YouTube, estas personas van a entrar por una landing page, una página de prospección que es una página de captura y es aquí donde se va a producir la conversión mediante un botón de WhatsApp que nosotros vamos a colocar, donde la persona voluntariamente le va a dar clic y se va a ir directamente a tu WhatsApp donde solicitará información.

¿Qué es una conversión?

Es donde convertimos un visitante que llega a nuestra landing page o página web, es un prospecto, son personas que solicitaron información y terminaron comprando.

En este caso, en la página de captura hay diferentes canales de conversión: WhatsApp, el correo electrónico, o el formulario que la persona completo en nuestra página, la llamada telefónica o con chat incrustado dentro de la misma página web. Por experiencia, el canal número uno de conversión hoy en día a través de una página web, es WhatsApp.

Cada diez contactos que entran, siete son por WhatsApp, dos por formulario, y uno por llamada. Siete personas que dicen: "voy a dar clic aquí, quiero recibir información" y empieza la conversación por WhatsApp.

Es aquí donde comienza la técnica y la estrategia de hacer WhatsApp marketing por lo siguiente, cuando una persona llega, un desconocido llega de Facebook, de Google, de Instagram, llega de YouTube a nuestra página web y hace clic ahí y le da enviar al botón solicitando información voluntariamente, si nosotros tenemos automatizada la respuesta y luego de recibir esa respuesta, la persona nos vuelve a responder, ahí se creó una conversación.

En una conversación voluntaria, donde la persona nos está diciendo que quiere hablar con nosotros suceden dos cosas; hay más receptividad de la persona para hablar con nosotros dado que es la persona quien voluntariamente nos ha contactado, y dos, la persona no nos detectara como spam.

Esta es la forma correcta de utilizarlo, por eso no debes subir una base de datos comprada a la plataforma de WhatsApp marketing, no te va a funcionar, aquí es donde comienza toda la magia.

Capítulo 10

¿Cómo cerrar ventas por WhatsApp?

Capítulo 10 - ¿Cómo cerrar ventas por WhatsApp?

Para captar clientes, por ejemplo, hacemos una campaña en Facebook que nos lleve tráfico a nuestra página, la persona ve el anuncio le da clic en tu botón de más información y llega de tu landing page o tu página web, o sea, sacas a las personas de Facebook y van dirigidas a tu WhatsApp.

Lo que estás buscando es generar una conversión por medio de WhatsApp, desde tu página tendrás un texto persuasivo que explique lo que estás ofreciendo, con un botón donde se les pida a los clientes potenciales que para solicitar más información deben clicar este botón, ese botón los conectará directamente con tu WhatsApp.

WhatsApp será quien te ayudará a generar la conversión de tu visitante en prospecto. a partir de allí es donde comienza el proceso de venta.

Tú saludas y comienza la conversación, aquí es donde tú puedes tener todas tus respuestas ya preparadas por medio de las respuestas rápidas para no tener que copiar y pegar.

Durante el proceso de venta es donde puedes enviar las imágenes y las respuestas predefinidas como respuestas automatizadas, para reforzar la oferta puedes enviarle imágenes y vídeos que ya tendrás previamente configurados.

Estas imágenes y estos vídeos son para generar validez social, para generar que la persona que recibe esta información diga: - "Ah mira es real, hay testimonios, hay personas que han utilizado el producto o servicio, que interesante"

Si nos remitimos al embudo hay un cuarto paso que es el cierre de la venta, no puedes dejar a la persona a la deriva, tienes que apelar a los principios de escasez y de urgencia y aplicar un llamado a la acción.

Estás ofreciendo una oferta y a través de las respuestas rápidas que tú ya tienes configuradas puedes enviarle una frase del tipo: - "Nos quedan sólo seis cupos disponibles" le tienes que enviar un cierre, - "Por favor revisa la información completa y se deseas participar te recomiendo reservar tu cupo con tiempo ya que son solamente quince plazas y se agotan rápido, estamos a tu disposición para cualquier consulta"

Aquí lo que estás haciendo es, primero decirle: "esto es lo que tengo para ti, estos son los beneficios, con este curso tú tendrás tal o cual cosa" "esto es lo que incluye el curso, esta es la fecha, esto es lo que tú vas a recibir"

Le envías fotografías o vídeos como validación social y luego haces el cierre apelando a la escasez, diciendo que son solamente quince cupos y que solamente quedan seis plazas disponibles, entonces ¿Qué hacen las personas? Dicen: - "yo quiero eso, quedan solamente seis plazas"

WhatsApp marketing para cerrar ventas

Tienes que ser rápido

En pleno 2020 tienes que ser rápido para cerrar ventas, no puedes darte el lujo de enamorarte de tu producto, y demorarte en contestar a un potencial cliente que te escribe por WhatsApp, tan pronto una persona llegó a tu landing page o tu página web, te escribió, hizo clic en el botón de WhatsApp y se conectó contigo, inmediatamente le tienes que responder,

Puedes apalancarlo con los mensajes de bienvenida automáticos que están incorporados en la aplicación de WhatsApp Business, no puede ser que te demores un día, dos días en responder a la persona, el usuario está esperando tu respuesta y si no le contestas rápido, en la mano tiene a tu competencia, tú competencia le contestará rápido y ahí perderás una venta, entonces ¡Actúa!

Tienes que usar textos cortos, concisos y precisos

WhatsApp no es para enviar párrafos larguísimos, crear lecturas densas, completas que nadie va a leer, tienes que entender lo siguiente; la gente no lee, la gente escanea la información que es más relevante para ellos, tienes que pensar como si estarías hablando con cualquier persona, cuando el cliente llega a ti responde de forma práctica, sencilla y simple.

Debes enfocarte en comunicar tus beneficios.

Debes comunicar tus beneficios de forma visual, puedes utilizar viñetas con chulitos (tildes) tienes que nombrar por lo menos tres beneficios, esto le facilitará la lectura a tu potencial cliente y lo focalizará directamente en los beneficios y lo que la persona se llevará por contactarte y comprarte a ti tu producto o servicio, así que enfocate en comunicar tus beneficios en forma visual.

Apaláncate y ayúdate en tu proceso de ventas utilizando vídeos e imágenes.

Vídeos que no superen más de 30 segundos, con la demostración de cómo funciona tu producto o servicio, contando los beneficios de contactarte a ti y comprar lo que tú vendes.

Debes tener el vídeo y la imagen en tu teléfono para poder enviarlo de forma rápida, esto facilita la comunicación, vídeos cortos, sencillos, simples, fáciles de comunicar, que la persona los pueda ver de forma rápida y no tengan que demorarse mucho tiempo en verlos, ni tampoco en descargarlos.

Usa testimonios.

Los testimonios nos ayudarán a cerrar ventas, guarda las imágenes de testimonios cortos, de pequeñas textos donde tengas calificaciones de tus productos o servicios, dónde está el testimonio real de una persona de carne y hueso contando su experiencia, y se lo envías a las personas en forma de imágenes o en forma de vídeos. Tú cliente verá esa información y conocerá lo que han dicho otras personas sobre tu producto al momento de tomar la decisión de compra, así que también en tu teléfono debes utilizar los testimonios.

Utiliza el principio psicológico de escasez y sentimiento de urgencia

Utilizar el principio psicológico de escasez y sentimiento de urgencia te permitirá acelerar el cierre de la venta, cuando transmites sentimiento de urgencia y escasez a las personas, hace que tomen la decisión mucho más rápido, sienten que van a perder algo, que si no lo hacen inmediatamente perderán una oportunidad.

En todo tu proceso de venta, cuando ya te encuentres en la parte de la oferta le tienes que decir algo como esto: "si lo compras hoy vas a tener el tanto por ciento de descuento " o "si lo compras hoy recibirás esto adicional" "o vas a tener acceso a más beneficios" o "acceso a productos complementarios" "solo por hoy" tienes que hacer hincapié en el vencimiento de esta posibilidad, que el cliente sienta que si lo compra mañana ya lo perdió

También puedes utilizar llamados del tipo "por pocos días o cupo limitado" "quedan pocas unidades disponibles" "queda poco tiempo de la oferta disponible" todo lo que tenga que ver con escasez te ayudará a cerrar más ventas y mejorar tu proceso comercial a través de WhatsApp.

Utiliza las respuestas rápidas.

Aprovecha las respuestas rápidas que tiene WhatsApp Business para responder a las preguntas más frecuentes que tienen tus clientes, esto te va a ayudar a mejorar y hacer más rápido el proceso de venta, podrás responder más rápido y esto hará que las personas se enganchen contigo y dejen de buscar en otro lado y digan: "aquí me atendieron rápido y bien, me dieron respuesta".

¿Cuántas respuestas rápidas puedes tener?
Muchas, cientos, miles, sin ningún problema.
Si tienes diferentes productos debes tener diferentes respuestas según lo que creas que te podrá preguntar tu cliente.

Con esta ideas cerrarás más ventas por WhatsApp, hoy en día las ventas se están consiguiendo por WhatsApp, implementalas y comienza a vender.

WhatsApp Web permite enviar mensajes masivos

Las listas de difusión permiten enviar mensajes aproximadamente a 250 personas de una forma muy rápida. Las personas reciben estos mensajes como si fuesen un mensaje privado normal, por lo que es ideal para enviar notificaciones de cualquier tipo: mensajes comerciales, anuncios personales etc. Obviamente para poder enviar mensajes de este tipo es necesario contar con la autorización de las personas que los van a recibir, ya que de lo contrario podrías están incumpliendo con las leyes de cada país.

Para poder enviar mensajes a una lista de difusión desde un ordenador o PC lo primero que deberás hacer es crear una lista, esto no está disponible en WhatsApp Web así que tendrás que hacerlo desde el teléfono.
Si tienes un iPhone abre la app de WhatsApp y accede a la pestaña de chats y toca sobre *Lista de difusión*, justo antes de la primera conversación.
En el caso de Android debes acceder a la pestaña de chats, tocar sobre el botón de menú en la parte superior de la pantalla y escoger la opción *Nueva difusión*.

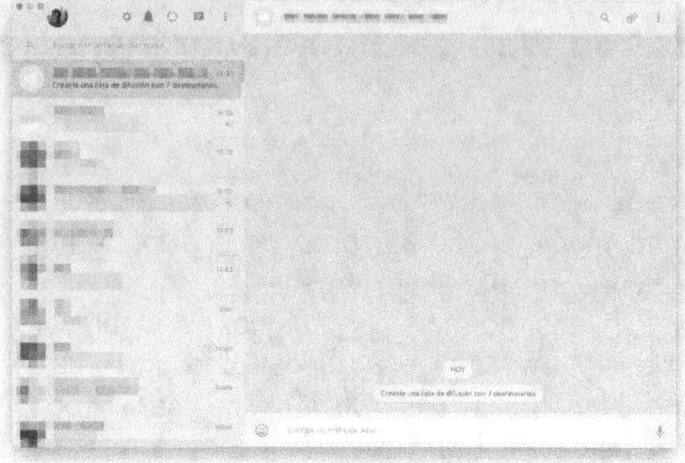

A partir de aquí debes seleccionar los contactos que quieres añadir a la lista. Tus contactos deberán estar guardados en la agenda de tu teléfono y además deberán tener guardado tu número para recibir los mensajes. Puedes añadir hasta 256 y una vez los tengas todos pincha en *Crear*.

Cuando esta creada, inicia sesión en WhatsApp Web y encontrarás la lista entre el resto de las conversaciones. Deberás escribir el mensaje que quieres enviar y podrás enviarlo como un mensaje más.

Una gran ventaja es que la lista de distribución se quedará permanentemente entre la lista de chats y siempre que lo necesites podrás enviar nuevos mensajes.

Alternativas para enviar WhatsApp masivos

Como decía al principio, existen otros métodos para enviar mensajes masivos de WhatsApp desde un ordenador o PC.

Con la llegada de WhatsApp Business API son muchas las empresas que han empezado a desarrollar sus propias herramientas para este fin. Algunos de estos softwares se utilizan de forma interna en grandes empresas y también están disponibles a través de software de ventas y marketing como algunos CRM y similares.

También existen otras aplicaciones que se pueden contratar para realizar campañas de envíos masivos de cualquier tipo, siempre y cuando respeten las normas de comunidad de WhatsApp, donde el spam y el molestar sistemáticamente a los usuarios está totalmente prohibido y penalizado.

Servicios como WhatsAppMarketing.es, WaChatBot.com, WhatsMkt.com, Whatsender.net permiten realizar este tipo de envíos. Además, en algunos casos también es posible acceder a otras funciones como chat bots automatizados, por lo que la herramienta que nació como un servicio de estados y luego pasó a ser un servicio de chat en tiempo real para el teléfono, está mutando hacia una poderosa herramienta de marketing.

También está la opción de WhatsSender que ofrecen su propio software para escritorio con el que podemos enviar mensajes masivos por WhatsApp, esta herramienta se puede conseguir de forma gratuita desde su web y está disponible para entorno Windows como para Mac.

En este tipo de software lo que tienes que hacer es importar los contactos a los que quieras enviar nuestros mensajes masivos, mediante un archivo EXT o CSV directamente desde el teléfono. A continuación, podrás comenzar a crear tus mensajes y enviarlos de forma masiva desde tu ordenador o PC.

Capítulo 11

¡Neuroventas para vender por chat!

Capítulo 11 - ¡Neuroventas para vender por chat!

Las investigaciones en neuroventas concluyen que la mayor parte de las decisiones que tomamos a lo largo del día se hacen de forma inconsciente. Como consecuencia de esto, tanto empresas como emprendedores deben reforzar sus conocimientos para conseguir llegar al público objetivo por encima de la competencia ¡Y la venta por medio del chat no está exenta!

Las Neuroventas consisten en un modelo de interpretación de la función de ventas que se basa en los avances de la Neurociencia, los conocimientos más recientes sobre el funcionamiento del cerebro al momento de tomar decisiones, y las emociones aplicadas a las ventas.

Las últimas investigaciones han demostrado que el cerebro reptiliano, es decir, el inconsciente, el que controla las acciones de las personas en la mayoría de las ocasiones, de hecho, se habla de una toma de decisiones basada en un 85% de parte inconsciente sobre el 15% de la consciente, la mayoría de las decisiones de compra se producen en un plano inconsciente y en el espacio de tiempo de 360 milisegundos.

Las Neuroventas están basadas en disciplinas como la neurociencia, la programación neurolingüística, la neurocomunicacion, el neuromarketing o la neuropsicología y nos permite recopilar información sobre los mecanismos neuropsicológicos vinculados a las emociones y brindarnos las claves para conseguir llegar al consumidor.

Lo que trata es de lograr un acercamiento más profundo a los estímulos de las personas, descubriendo los motivos que las llevan a actuar y elegir entre un producto u otro.

Técnicas de neuroventas para vender por teléfono

El cerebro posee ciertos detonadores que correctamente estimulados disparan la voluntad de compra, y estos pueden accionarse no solo en la venta presencial, sino también en la venta por chat.

Crear necesidad.
El cerebro reptil es el que domina la decisión de compra, por lo que el objetivo de la venta debe ir orientado a la eliminación de los miedos o necesidad del cliente, se debe detectar el vacío que tiene el cliente potencial y mostrar nuestro producto o servicio como solución a su problema.
Una promoción 3X2 tiene más enganche que la promoción del 50% de descuento, puesto que el cerebro de nuestro consumidor entiende que se ha llevado una oferta inmejorable, esto es debido a que el cerebro toma sus decisiones de forma emocional
Ofrece siempre tres opciones, estudios realizados demuestran que el cerebro tiene la necesidad de elegir, y reacciona mejor si elige entre tres alternativas. Tres opciones de servicio diferente, o tres productos alternativos. El número tres es la justa medida, ni más, ni menos.

El miedo vende. Con vender miedo no quiero decir que tengas que hacer pasar un mal momento a un cliente, sino que debes detectar su carencia para introducírsela como argumento de venta.

La Neurociencia demostró en sucesivos experimentos que el miedo nos lleva a la acción y además tiene tasas de recuerdo mucho más altas que los mensajes optimistas. Haz que no comprarte a ti sea un riesgo que los clientes no puedan asumir.

Diferenciación.
Hoy en día los productos o servicios tienden a ofrecer características o precios similares, por lo que el consumidor deja de percibir su valor, el emprendedor y la empresa deben diferenciarse para que los consumidores los recuerden.

Storytelling.
La diferenciación de nuestro producto o servicio debe reflejarse en el discurso, desarrollándolo correctamente mediante historias y textos que consigan una conexión emocional con las personas y despierten su interés.

Verbos de acción.
Las Neuroventas nos invitan a emplear la formula del verbo que induce a las personas a la acción.

Valor simbólico.
Las cosas valen más por lo que significan emocionalmente para las personas que por lo que realmente son, basándonos en la carga emocional las neuroventas nos invitan a determinar el valor simbólico que representa el producto o servicio para la cultura donde lo estamos comercializando y explotar ese valor.

Racionalidad.
Debemos utilizar argumentos lógicos que avalen el producto o servicio que ofrecemos, ya que ayudan al cliente a convencer a esa parte racional del cerebro, especialmente cuando va en contra de sus deseos inconscientes.

Paciencia.
¿Qué ocurre con los comerciales insistentes que llaman constantemente? El cerebro necesita tiempo para digerir la información así que, aunque se trate de un chat, debemos darle espacio al cliente para no estresarlo ni presionar al consumidor.

Personalizar.
Es un error emplear el mismo texto de venta para todo el público objetivo, es necesario estudiar a quien nos dirigimos y personalizar la venta a sus circunstancias. ¿Cómo hacerlo? Utiliza el "tú" el cerebro reacciona positivamente cuando le mencionas en la conversación, ayudando a impulsar la venta.
Provoca que tu cliente pregunte, si no hace preguntas incita a que las haga. Las preguntas estimulan al cerebro y le hacen mantener el interés.

El género influye.
El cerebro femenino procesa mucha más información y es más comunicador que el masculino. Si quieres vender a un hombre debes reducir los argumentos de venta, mientras que si vendes a una mujer debes aumentarlos. Esto ha sido demostrado a partir de estudios científicos por lo que parece que se trata de una cuestión biológica.

Crea una marca fuerte.

Muchas Pymes y emprendedores no le dan la debida importancia a crear un branding fuerte con un posicionamiento adecuado, se escudan en que lo que de verdad importa es el precio cuando todos los estudios de Neurociencia demuestran lo contrario, el Neuromarketing no deja lugar a dudas en 2003 se realizó un experimento para ver que bebida cola era la preferida entre Coca-cola y Pepsi, pero usando una resonancia magnética para medir las respuestas del cerebro en cada participante.
Se les hizo probar las dos bebidas sin decir cuál era cada una y en su mayoría la gente prefirió Pepsi y se registró un gran actividad en la zona del cerebro que se activa con los sabores que nos resultan agradables.

Sin embargo, cuando se repitió el experimento enseñado las marcas, la mayoría eligió Coca-Cola como bebida preferida y en ese momento se ilumino otra zona del cerebro, la que domina el pensamiento que hace recordar asociaciones positivas que cada individuo ha experimentado con respecto a la marca Coca-Cola de forma que, aunque el cerebro y paladar estaban seguros de que les gustaba más Pepsi, sus emociones asociadas a lo que representa la otra marca dominaban la elección.
Sabemos que no contamos con el presupuesto de Coca-Cola, pero tampoco tienes su mercado, por lo que si has hecho bien las cosas en la fase de posicionamiento tu mercado se reducirá a varios cientos de miles de clientes potenciales con los que construir una marca fuerte tampoco es tan costoso y si nadie más en tu mercado lo está haciendo es una gran oportunidad para diferenciarte.

Sonríe por favor.
Si vendes servicios y el servicio le das té, sonríe en tus fotos, y cuando hablas por teléfono o grabas el audio que enviarás por chat al cliente.

Solemos confundir dar una imagen sería con ponerse serio, la principal razón por la que el cliente elige determinado servicio o proveedor es la confianza, pero se puede ser confiable y sonreír. Los experimentos realizados en Neuromarketing afirman que si la persona que da la cara por la empresa o atiende el teléfono sonríe hay más probabilidades de que recuerden tu nombre, terminen comprando y se fidelicen como clientes.

Elige bien el color de tu logo.
Para entender el mundo y poder tomar decisiones rápidas nuestros cerebros toman atajos, es decir, en milisegundos toman en cuenta todas nuestras experiencias y conocimientos y tomas una decisión sobre lo que están viendo.
Debes tener en cuenta estos atajos para poder usarlos.
Uno de los más sencillos de usar es el color, elegir la gama de pantonés de tu logo no es ninguna tontería, con la elección de tus colores estás diciendo mucho con muy poco.
Según los estudios el 84,7% de los consumidores opinan que el color de la marca o el producto representa más de la mitad del criterio de decisión para comprarlo y según otro estudio cuando las personas juzgamos subconscientemente una marca casi el 90% de esa evaluación se basa en el color.
Cierto que estos estudios se hicieron con marcas y productos de consumo final pero incluso suponiendo que en los mercados B2B estos indicadores bajarán un poco, seguirían representando un enorme porcentaje.
Así pues, piensa que imagen quieres dar y elige tus colores con sabiduría.

Usa el video.
Según el neuromarketing cuando se combinan imágenes y sonidos la percepción es más favorable y duradera que cuando se pusieron las imágenes y los sonidos por separado.

Así que, si todavía lo estabas dudando, deja de hacerlo y empieza a usar el vídeo para dar a conocer tus productos y servicios.

No tengas miedo a subir tus precios.
El neuromarketing ha descubierto que pagar un precio alto por un producto o servicio aumenta nuestra seguridad a la hora de usarlo y activa los receptores del placer en nuestro cerebro más que un producto más barato.
Así pues, si has conseguido hacer bien tu trabajo previo de ganarte la confianza del cliente, conseguir que tema las consecuencias de no contratarte y que entienda el valor real de la solución que aportas, pedir un precio más caro de la media solo servirá para aumentar la seguridad en lo que estás ofreciendo.

Resumen

WhatsApp es una aplicación muy conocida y utilizada por miles de personas en todo el mundo, son más de mil millones de usuarios activos diariamente para ser más exactos.

Como hemos visto a lo largo del libro es muy importante estar donde están tus clientes, debes mostrarles tu negocio a quienes posiblemente comprarán tus productos, por eso es tan importante investigar, y comprender todos los canales de comunicación que tu cliente utiliza más, esto te permitirá invertir tiempo y esfuerzos en una divulgación que realmente te traerá resultados.

Para vender por WhatsApp te recomendamos:

Un número de teléfono exclusivo

Ten un número de teléfono exclusivo para tu emprendimiento o negocio, con el fin de utilizarlo solo comercialmente.

Diseña tus estrategias de contenido o divulgación, debes pensar en la parte práctica de las ventas por WhatsApp. Es muy importante que separes lo que es de la empresa de tu vida personal.

Imaginemos que no tienes un número comercial, y tus clientes te llaman o te envían mensajes en horarios en que no estés trabajando y eso puede afectar tu rutina fuera del negocio, si no separas las cosas puedes cometer algún error y acabar enviándole un mensaje privado a un cliente o un mensaje comercial a un familiar o amigo.

Una de las mejores ventajas de tener un número de teléfono comercial es que puedes asignarle la función de vender por WhatsApp a otra persona.

Utiliza WhatsApp Web

Además de la aplicación en el teléfono puedes usar WhatsApp Web, que es la extensión que te permitirá acceder a tu cuenta a través de tu ordenador.
Lo único que tienes que hacer es tener tu teléfono conectado a internet y cerca del ordenador que utilizaras para escanear el código QR, que aparece cuando accedes a la página web de WhatsApp

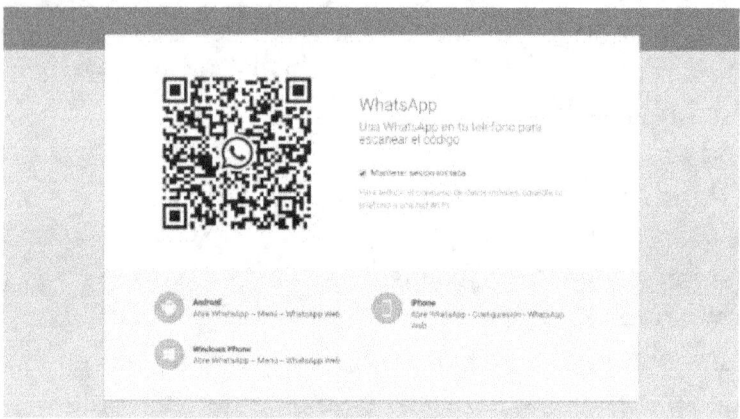

Es recomendable que te conectes a una red wifi para reducir el uso de paquetes de datos y tener más estabilidad en la aplicación. Lo bueno de usar esta versión de WhatsApp es que tú, o la persona designada para realizar ventas a través de esta aplicación, podrás enviar mensajes por el ordenador, así puedes evitar errores al teclear y acceder fácilmente a otros canales en tu negocio, mientras le envías mensajes a tus clientes.

Solicita los contactos telefónicos

De nada sirve una estrategia para vender por WhatsApp si no tienes suficientes contactos para divulgar tu producto, debes buscar formas de pedirles sus números telefónicos a las personas que ya han comprado tus productos o que están interesadas en tu contenido. Crea un formulario de registro para que la persona deje su número de teléfono, puedes hacerlo mediante una landing page en la suscripción de una newsletter de tu blog o en otro canal de comunicación que tu público utilice.

Call to Action

Puedes crear potentes Call to Action en tu página web, dedicado a la atención por WhatsApp y obtener así más contactos. Es importante que llegados a este punto pidas permiso para agregar usuarios a tu WhatsApp y dejar bien en claro en estos campos de solicitud de contactos que van a recibir mensajes, ten en cuenta que no ha todo el mundo le gusta recibir mensajes de desconocidos, deberás informar que utilizarás la aplicación para enviar mensajes, deja tus números disponibles en todos tus canales para que los usuarios reconozcan tu marca cuando les llegan los mensajes.

Divulga tu número de WhatsApp

Las personas tienen que poder identificar tu número de WhatsApp para que realmente lean tus mensajes, por eso tienes que divulgar tu estrategia de ventas en todos tus canales de comunicación. Deja tu contacto en tu página web, blog, y redes sociales, lo importante es alcanzar tantas personas como te sea posible.
Cuando difundas tu número deja la decisión de añadirlo o no a los contactos en manos de tus usuarios. Para que el cliente

tome esta decisión primero debes dejarle en claro que tipo de contenido le ofrecerás a través de este canal de comunicación, de esta forma ganarás su confianza y estarán realmente interesadas en el contenido que deseas enviarles, disminuyendo la tasa de bloqueos. El problema de esta estrategia es que no podrás saber quién te agregó en WhatsApp si las personas no te envían un mensaje.

Al dar tu número recuerda pedirles a los usuarios que te envíen un mensaje con un texto que confirme el registro, de esta manera podrás interactuar con tu nuevo contacto e incluirlo en una lista de transmisión.

Agenda los números de tus clientes

Ahora es el momento de comenzar a pensar en estrategias para usar esta aplicación. El primer paso será guardar los números de tus clientes con sus respectivos nombres. Al principio tomará tiempo de tu día, especialmente si ya tienes un público que te ha dejado sus contactos telefónicos.

Sin embargo, con el tiempo te darás cuenta de que este registro será más rápido ya que no tendrás que guardar todos los números de una vez. Es importante poner el nombre y el apellido de todos los clientes para que la atención sea muy personalizada, eso te permitirá crear una buena experiencia usuario.

Si tienes más de un producto o servicio, te aconsejamos agregar al final del nombre de tus clientes el producto o servicio que les interesa, para que puedas enviarles mensajes sobre temas que realmente les gusten.

Haz tus listas de transmisión

¿Te acuerdas cuando te dijimos que pusieras delante del nombre de los usuarios el producto que más les interesa? Esto será útil a la hora de crear una lista de divulgación para vender por WhatsApp, las listas son excelentes porque te ayudan a ahorrar tiempo, especialmente cuando le envían el mismo contenido a más de una persona.

Una desventaja de esta estrategia es que, si una persona no tiene tu contacto agendado, no recibirá tu contenido, pero eso es importante que muestres tu número primero para que los usuarios interesados puedan guardar tu contacto. La forma más sencilla de crear listas es dividir tus contactos entre las personas que ya han comprado algún producto y las personas que aún no lo han hecho.

¿Como hacer una buena lista de transmisión?

Cuando se trata de crear listas de envío, debes separar a los contactos de tu agenda telefónica según la etapa del embudo de ventas en que se encuentran, dado que no todas las personas están preparadas para realizar una compra.
Si les envías ofertas todo el tiempo a un público que aún no está familiarizado con tu producto, no lograrás atraerlo, sino que lo alejarás porque las personas tenderán a rechazar tu producto antes de conocerlo.

Esto hace importante que pienses en las tres etapas de un embudo de ventas, y son:

Descubrimiento
Se trata de la primera etapa del embudo, el momento del descubrimiento es cuando puedes atraer a los clientes potenciales. Todavía ellos no saben que tienen un problema, por lo que tu deber es ayudarlos a descubrir cuáles son sus necesidades particulares.
Agrega a esta lista personas que aún no conocen tu producto y necesitan recibir contenido educativo.

Consideración
Una vez que reconocen que tienen un problema, los usuarios pasan a la fase de consideración. Para esta lista, ya puedes comenzar a mostrarles a las personas no solo los problemas que tienen, sino también las posibles soluciones.
Es aquí donde puedes darles el empujón que les faltaba para demostrar que tienes el producto adecuado para satisfacer las necesidades de tu cliente potencial. Evitando exagerar e intenta vender antes de que el usuario esté 100% listo para realizar una compra.

Decisión
Aquí están los contactos que ya entienden que tienen un problema y saben que tu producto puede ayudarlos a resolverlo.
Agrega a la lista de decisión a las personas que posiblemente compraran tu producto y a quienes puedas enviarles ofertas exclusivas. Los clientes recurrentes generalmente terminan añadiéndose solos a la lista.

Utiliza disparadores mentales
Los disparadores mentales son estrategias de ventas que tienen en cuenta el uso de emociones para influenciar a las personas, cuando los usas a tu favor para divulgar tus productos o servicios es como si pudieras lograr que tu público hiciese determinadas acciones automáticamente, sin pensar mucho en lo que está haciendo. La decisión de compra es uno de los momentos ideales para aplicar disparadores como la escasez, la reciprocidad, la razón, la curiosidad, la urgencia etc.
Lo que debes hacer es pensar en formas de enviar mensajes que estimulen el subconsciente de las personas a optar por el producto que les ofreces, sin confundir esto con manipulación.

Para poder utilizar los disparadores mentales debes estudiar a tu público y entregarle lo que quiere, mostrándole que tu producto es una solución para algún problema, por eso siempre debes enviar contenidos interesantes, un ejemplo es el llamado Lanzamiento Meteórico, una técnica de ventas por WhatsApp creada por Talles Quinderé.

Para este método se utilizan tres disparadores mentales, que son:

La anticipación:
Enviá mensajes informando que vas a lanzar un nuevo producto para crearles expectativas a las personas. Así se preparan porque saben que viene algo nuevo.

Pertenencia:
Informa que solo un grupo preseleccionado tendrá acceso a este producto, muestra que solo las personas que están en la lista de transmisión de WhatsApp podrán comprar tu producto.

Escasez:
El día de lanzamiento, limita el tiempo disponible para la compra y de preferencia dales poco tiempo a las personas para que se decidan lo más rápido posible.

Envía contenidos interesantes
Si ya utilizas a diario WhatsApp sabes que esta herramientas se usa mucho para transmitir información que no siempre es verdadera, muchas personas no abren mensajes de números desconocidos o no creen en lo que se ofrece a través de esta aplicación, es por ello por lo que debes pensar muy bien antes de enviarles cualquier contenido a tus clientes a través de WhatsApp, especialmente a aquellos que aún no han

hecho ninguna compra en tu negocio y que no conocen tu marca.

Si sigues los consejos anteriores, solo tendrás números de teléfonos registrados de personas que te dieron su contacto y te autorizaron a enviarles mensajes, esta es la primera etapa, que muestra que el usuario estaba interesado en tu contenido, ahora tendrás que cautivarlo:

Ofrécele soporte al cliente a través de la aplicación, incluso con mensajes de voz.

Enviá contenido educativo, relacionados a tu producto y nicho.

Envía videos con informaciones útiles para tu público, escribe mensajes de texto con informaciones promocionales para cualquier persona que visite tu página de ventas por WhatsApp

Trata de contribuir todo lo que puedas al aumento de conocimiento de tu público, esto te ayudará a cautivarlo, pero no seas de esas personas que envía mensajes todo el día, esto aleja a los usuarios de WhatsApp.

Crea un cronograma de envío de mensajes

Vender por WhatsApp también requiere planificación, especialmente si tienes varias listas de transmisión.

Para evitar confusiones al enviar mensajes, crea cronogramas. Esto te permite organizarte y decidir de antemano qué contenido le enviaras a cada lista y cuando se activará el mensaje. Esta planificación te ayuda a no enviar el mismo mensaje más de una vez.

Sin mencionar que con el cronograma logras pensar en los tipos de contenido que deben entregarse de acuerdo con la etapa del embudo de ventas en la que se encuentran las personas.

Errores que debes evitar al vender por WhatsApp

Puedes vender por WhatsApp y cautivar a tus clientes con esta aplicación, pero hay algunos errores que debes evitar para que el resultado de esta estrategia no sea lo contrario de lo que esperas.

No intentes vender todo el tiempo
A nadie le gusta que lo bombardeen constantemente con propuestas comerciales, piensa antes de enviar un mensaje a tus contactos.
Aunque tu objetivo final sea vender por WhatsApp, tu público debe saber que deseas ayudarlo con soluciones prácticas para su vida diaria, no intentes vender todo el tiempo, preocúpate por enviar mensajes con informaciones realmente interesantes.

No envíes mensajes masivos
Es molesto recibir un mensaje con textos grandes que parecen copiados y enviados a todos los contactos del teléfono, sin que tengan nada que ver con el destinatario.
Los mensajes masivos sin ningún tipo de personalización no son buena idea para tu estrategia de venta, con esto no me refiero a que escribas un mensaje diferente a cada contacto porque sabemos que no es factible, especialmente si tu número de contactos es alto.
Recuerda que, si tienes más de un producto, debes separar tus contactos de acuerdo con sus intereses para enviarles contenido relacionado con lo que les gusta, evita enviar varios mensajes el mismo día o uno después del otro, esto irrita a tu audiencia y haciendo que las personas bloqueen tu número.

No ignores los feedbacks
Debes prestarle atención a los feedbacks de las personas con las que te comunicas por WhatsApp, intenta saber si tienen alguna queja o sugerencia sobre tu producto o servicio. Esta aplicación es una canal directo con tu público, debes contestar con frecuencia y estar dispuesto a usarla no solo para realizar ventas, sino también hablar con tu audiencia.

No crees grupos
Crear un grupo con múltiples números de personas que probablemente ni siquiera conoces es muy peligroso y excede el límite de confidencialidad
Si una persona te ha dado su número de teléfono, es porque desea recibir tus mensajes. Esto no significa que quiera que otras personas que también compran tus productos o servicios tengan acceso a sus datos, al agregar personas desconocidas en el mismo grupo, todas tienen acceso a los números de teléfono del grupo, esto puede hacer que tus clientes estén expuestos e incluso que tengan miedo de poner información, como el número de la tarjeta en tu página web o página de ventas.

No seas inoportuno
El WhatsApp comercial solo debe usarse para fines relacionados con tus productos, servicios o tu marca. No seas de esas personas que les envía cadenas y mensajes personales a sus contactos, el contenido lo es todo y es lo que cautiva a tus clientes, asegúrate ser siempre respetuoso y de enviar solo informaciones relacionadas con tu negocio.

Ahora que ya sabes cómo vender por WhatsApp, ¿Estás listo para empezar?

Tu opinión es importante.

Estaremos encantados de recibir tus comentarios en:

salestalentcontacto@gmail.com
www.salestalentacademyweb.com

O puedes visitarnos en:

Otros títulos de la misma autora:

Retail Coaching para tiendas de Éxito!
Descubre los factores claves para lograr el cambio en las ventas. – Daniela Fiori Lehr - Amazon

Entrena tu mente para Vender
¡Con el Coaching Motivacional el éxito nunca fue tan fácil! Daniela Fiori Lehr - Amazon

Aprende a vender por Internet
Como vender por WhatsApp, Facebook, Instagram, Pinterest y Chat Marketing - Daniela Fiori Lehr – Amazon
Coaching para Emprendedores

Storytelling: ¿Cómo contar buenas historias para vender? Aprende las claves del Storytelling, cautiva a tu audiencia y genera más ventas - Daniela Fiori Lehr - Amazon

Elevator Pitch Eficaz - ¿Cómo lograr entrevistas, cerrar tratos, o vender tu idea en 60 segundos? - Daniela Fiori Lehr - Amazon

www.ingramcontent.com/pod-product-compliance
Lightning Source LLC
Chambersburg PA
CBHW071415210526
45465CB00001B/391